帝国と戦後の文化政策

帝国と戦後の文化政策

舞台の上の日本像

朴 祥 美

岩波書店

まえがき

二〇一六年のリオ・オリンピック閉会式の最終盤、次期開催都市の東京に五輪旗を引き継ぐ「フラッグ・ハンドオーバー・セレモニー」が行われた。東京都の小池百合子知事が和服姿で登場し、リオ・デジャネイロ市のエドゥアルド・パエス市長から渡された旗をゆっくりと振って見せた。その後に続く、東京紹介のプログラムでは、現在の東京と日本の魅力が映像や音楽、パフォーマンスで披露されるなか、スーパーマリオに扮した安倍晋三首相が架空と現実を融合した演出で壇上に現れ、世界に向けて「クール・ジャパン」をアピールした。アニメCGを駆使した首相のサプライズ登場は、スピード感あふれる迫力があり、厳粛な雰囲気の五輪旗引き継ぎ式とのコントラストを示した。

このように日本の魅力を文化的な面から対外的に訴える試みは、ほかにもある。なかでも日本的な美徳の象徴とされる「おもてなし」は、二〇二〇年五輪の招致競争のなかで強調され、二〇一三年の新語・流行語大賞に選ばれるほどであった。外国人訪問客を意識したバラエティ番組でも、気配りや優しさの文化が日本人の長所としてアピールされる。日本的な「おもてなし」は、首脳外交の会食でも一役を果たす。二〇一六年の伊勢志摩サミットでは、料理のみならず、盛り方にも工夫が施された。三重県の食材をふんだんに取り入れた料理が、同地の漆器をはじめとする伝統工芸の食器に載せて供され、食における器と素材の味わい方が、日本文化を表現するものとして積極的に用いられた。

　文化的アピールは、時として国家同士の競争の具ともなる。たとえば、二〇一四年のオバマ米大統領アジア歴訪において、日本は寿司で、韓国はプルコギで、この同盟国首脳をもてなした。その様子を紹介した韓国『中央日報』(五月三日付、韓国語および日本語電子版)は、韓国料理を絶賛し旺盛な食欲を見せた米大統領の反応に注目した。「人生で一番おいしい寿司だった」と言いつつも、その半分を残した前日の日本での会食とは対照的であったと報じたのである。この報道記事は日本でも紹介され、それに対して日本のインターネットの言説のなかでは、韓国側が会食外交において自国が勝利したと見ているという書き込みが数多くなされた。竹島(韓国名・独島《トクト》)や歴史認識問題をめぐって日韓関係の緊張が高まるなか、アメリカが果たしてどちらの国を重視しているのかを両国世論は、単なる食事からも読み取ろうとしたのであろう。

　これらの事例のように、文化を用いて自国に有利な国際環境を作り出し、影響力を拡大しようとする試みは、広くは国家の文化政策という枠組みで捉えられる。日本の場合、二〇〇〇年代以降のいわゆる「クール・ジャパン」は、Ｊ－ｐｏｐやアニメなど、日本の大衆文化を対外的にアピールするとともに、それらを経済成長に繋げようとする国家戦略である。文化力の育成が、小泉純一郎内閣における行政改革の目玉の一つとなって以来、「クール・ジャパン」に関連した組織や事業が経済産業省の推進のもと、数多く設けられてきた。バブル崩壊後の長引く経済停滞、そして部分的にはそれに伴う国際的地位低下を克服するために、国際交流基金をはじめとする文化政策の中心的機関では、近年の韓国の文化市場拡大の成功要因を探るために、同国の文化政策や国家補助などに関する調査に力を入れるようになった。

文化力発信をめぐる苦心は、韓国の側でも同じである。二〇〇〇年代に入って、韓国の映画・ドラマやK－popが、アメリカ、ヨーロッパ、中国、東南アジアなど、世界各地の文化市場で目覚ましい躍進を遂げたことは周知の通りであるが、「韓流《ハン》」の対外進出が初めから成功していたわけではもちろんない。自国文化を海外へ押し出すとき、自己評価が過大になりがちな現象を私たちはしばしば目の当たりにする。たとえば、筆者がアメリカに留学していた二〇〇六年、韓国のある有名ダンス歌手が、ニューヨークのマディソン・スクエア・ガーデンで公演を行ったことがあった。同所での公演実現は容易でないことから、韓国内では並々ならぬ注目を集めたが、実際にコンサートを観た知人によれば、内容は残念ながら期待からはほど遠く、稚拙な印象であったという。評価はさまざまであろうが、韓国メディアが騒いだほどのものでなかったことは、どうやら間違いない。

国際的文化競争を日韓関係に限って見るならば、相手国の文化流入が自国にとって脅威と感じられやすい環境にあることも考慮しなければならない。日本であれほど急速に人気を博した韓流も、いざそれが過剰だと感じられると、たちまち韓国文化に対する蔑みが吹き出してしまう。二〇一一年のフジテレビ前での抗議デモはその一例といえる。ネット上の呼びかけで集まった人たちが、同局の番組編成が韓国ドラマやK－Ｐｏｐに偏向していると批判し、韓流放映の反対騒動にまで発展したのである。韓国文化の影響力拡大への反発は、両国関係が冷却すると、時には極端な対韓認識に結びつくこともある。二〇一二年の李明博《イ・ミョンバク》元大統領の竹島上陸は、日本の国民に大きなショックを与え、日韓関係をきわめて悪化させた。東京の新大久保や大阪の鶴橋などでのヘイトスピーチは、「慰安婦」問題の日韓合意や少女像設置をめぐる関係の行き詰まりを反映する。関係修復の課題は、政権途中で罷免された朴槿恵《パク・クネ》政権では解決策を見出せないまま、後任の文在寅《ムン・ジェイン》政権に引き継がれた。

文化的なメッセージは、国内に向けては国民統合を促すよい材料となる。安倍政権がオリンピックの後に引き続き万博も招致しようとする動きや、また小池都知事が新党設立の記者会見で「ジャパン・アズ・ナンバーワン」と呼ばれた時代を引き合いに出しながら「日本をリセット」したいと発言するのを見ると、新しいことに挑戦しようというよりは、昭和後期の華々しかった経済成長期へ戻りたいと言っているかのように見える。その時期の日本の姿を国民に思い出させることが、国民を前向きな気持ちにさせ、彼らにとっての政治的原動力になると考えているのだ。

平成の幕がそろそろ下りようとするいま、昭和への強いノスタルジアは、政界に限らず、さまざまな大衆文化のなかでも散見される。二〇〇〇年代に入ってから、日本の大衆文化においては、昭和に因んだ事物が頻繁に出現し始めた。昭和三〇年代を舞台にした映画『ALWAYS 三丁目の夕日』(シリーズ1～3、二〇〇五年、〇七年、一二年公開)が大ヒットしたほか、『新幹線をつくった男たち』(二〇〇四年、テレビ東京)や『LEADERS リーダーズ』(二〇一四年、一七年、TBS系)など、戦後の復興を導いた人たちを描いたドラマも数多く放映された。雑誌『おとなの週末』(二〇一〇年九月号)では

「昭和の味が旨い店」という特集で、昭和の風情を醸し出すレトロな雰囲気が人気の飲食店や街並が紹介された。また若者のあいだでは、使い捨てカメラが再び脚光を浴び、化粧やファッションにおいてもしばしば昭和のものが流行する。こうしたトレンドを反映して、メディアや書店にはタイトルに「昭和」を付けた商品が大量にある。

日本で元号が一般的に使用されていることを、日本研究者の筆者は知識としては知っていた。しかし、日本に来て公文書から商店街の創業年の表示に至るまで、身近な生活のなかでそれが使われているのを目の当たりにすると、実に不思議な感覚に襲われた。日本統治後の国家再建の過程で急速な近代化を経験し、伝統からの断絶を余儀なくされた韓国の出身者としては、日本でこうした古来の制度が継続していることに、ことさら強い印象を受けたのであった。

天皇神話を近代国家形成の中心軸に置いてきた日本において、元号は単なる時期区分を超えた、時代性を表す文化コードでもある。元号で区切られた時期に対して、多くの人は共通の「記憶」を抱いている。夏目漱石が、小説『こころ』の主人公「先生」をして、「私は明治の精神が天皇に始まって天皇に終ったような気がしました」(岩波文庫、二七三頁)と語らせたように、明治天皇の崩御は、富国強兵と文明開化にひた走った激動の時代の終焉を人々に認識させた。他方、大正期は、都市の中間層を中心として発展した開放的な文化と民主主義を象徴する時代として、人々に記憶されている。それに続く昭和は、いかなる時代だったのだろうか。現代日本で政治家や大衆が懐かしむ「古き良き昭和」は、帝国主義と戦争の時代から戦後復興、バブルとその崩壊を含む長い昭和期のなかから選別された一つの像に過ぎない。

「望ましい日本像」は、それぞれの時代の要請に応じて作り上げられ、対外的、国内的にアピールされる。本書は、昭和の時代に分け入り、提示したい日本の姿がどのように作られたのかを、さまざまなアクターの駆け引きを通して描き出す。

帝国と戦後の文化政策

目次

序　章

「文化の時代」

一九七九年一月二五日、内閣総理大臣大平正芳は、首相就任後の第八七回通常国会において、日本は「文化の時代」を迎えたと宣言した。これは、それまでの経済成長中心であった施政方針から、舵を切るものであった。その方向に向けて大平内閣は、同年四月九日、大学教授・芸術家・官僚を中心とした「文化の時代研究グループ」を組織する。研究会の報告書では、参加者たちは、「文化の時代」を「近代を超える時代」とも説明していた。日本が戦時中英米に匹敵する国家であることを示すために用いた言説である「近代の超克」を想起させるこの言葉には、敗戦を経て経済大国にまで上り詰めたことへの自信が窺える。報告書では、経済的な豊かさを実現した理由を日本の文化的性質にさかのぼり、東西の異質な思想や制度が混淆する「中間領域」を重視する「グレイ・ゾーンの文化」を持つことに日本の特質があると力説していた(1)。

日本文化に対するこうした政治的イニシアティブは、社会的関心を喚起した。当時の書店には、各種の「日本人論」が溢れており、それに関するコーナーが設けられるほどであった。その言説の多くは、日本人とその文化を独特なものとし、生態環境や社会経済構造、思想、言語、美意識といったさまざまな方面から特殊さを裏づけて論じていた。その根本には、アジアで最も早く近代国家を確立し戦後には経済大国となることを実現した自国の底力への誇りがあった。日本民族の単一性とその独自性を強調し、社会のなかの階層や性別、地域間の不均衡と葛藤を看過する「日本人論」は、例外主義を主張するナショナリズムの表出そのものであった(2)。

とはいえ諸外国においても、当時の日本の驚異的な経済的成功は、大きな敬意をもって受け止められた。アメリカでは、効率的で労使協調的な雇用制度を生み出した日本経済に対するさまざまな分析が行われ、それを支える有能な官僚、高い学習熱、福祉制度を称賛する論調が注目を浴びた(3)。反日感情が根強かった韓国でも、日本製の文房具、自動車、家電、さらにはそれらに施された色彩やデザインの繊細な感覚および技術が高く評価された。金大中《キム・デジュン》政権が日本文化開放を公式に宣言する一九九八年よりもはるか以前に、マンガ、アニメ、音楽、雑誌といった日本の大衆文化は、韓国内で黙認され、流通・消費されていた。なかでもNHKの連続テレビ小説『おしん』は、韓国で同じタイトルの映画(李尚彦《イ・サンオン》監督、一九八五年)が脚色・製作されるほどの話題を呼び、苦難の歳月を乗り越えた主人公の忍耐強さは広く共感を呼んだ。

日本文化に対する国際的注目の背景に、戦後日本の復興とその経済力が関係していたことは間違いない。しかし、昭和後期に絶頂を見せた日本文化への関心と日本自身の文化ナショナリズムを、その経済的影響力の増大に結びつける捉え方は、誤りではないにしても十分とはいえない。これに対して本書では、当時の日本文化に対するこうした表面的な解釈にとどまらず、昭和期日本の文化および文化政策をより長期的な歴史的文脈のなかに位置づけながら考察することを出発点としている。

具体的にいえば、文化をめぐる日本における議論は、一九七〇―八〇年代に突如として登場したわけではない。昭和全期を通じて、日本の文化力を対外的に認知させようとする官僚、文化人、芸術家などによるたゆまぬ奮闘が存在していた。これらの人々の活動とその帰結を戦前にまでさかのぼる。歴史を振り返ると、各時代の文化行政は、その時々の状況を見据えながら、それに適合した文化立国の形を検討し、その実現のために政策を推進してきたことがわかる。高度成長期以前を含めた昭和という長期の視点から文化振興の目的とその変容を見つめ直す作業は、いわゆる「独特な日本文化」という通俗的な印象に対する挑戦でもある。

文化政策と社会

文化領域が、近代日本の重要な国家政策の一つであり続けたにもかかわらず、それに対する総合的な考察はなおも不十分といえる。実際、筆者が調査するなかで接した多くの文化行政官僚や関係者たちは、「文化政策」という言葉自体に違和感を示すことも少なくなかった。極端な場合には、「日本に文化政策はあるのか」という懐疑を耳にすることもあった。こうした認識は、戦後の文化行政実務家たちが執筆した書籍のなかにもときに垣間見られる。文化への国家関与に対する陰に陽に見られる否定の背景には、戦時期に行われた文化統制に対する批判があるのであろう。すなわち、文化は自律的なものであり人工的な産物ではなく、政策とは無関係でなければならない、という考えである。

しかし、戦時期の文化経験に対する従来の一様の反省は、文化振興についての新たな知見の発見を阻害してもいる。文化に関する長期計画を立案する政治過程、文化事業に対する財政確保の経緯、また政策実施に携わった関係者の思惑など、その政策的観点を仔細に検討する必要があることは、昭和期日本の理解において欠かせない。

とはいえ、少しずつではあるが、成果は蓄積されてきた。文化政策という分野の特殊性から、行政の実務家による報告と書籍が比較的多く出版されてきた。たとえば、根木昭は、自らが長年携った省庁での経験をもとに、官公側の視点から日本の文化行政の変遷を論じている。そこでは、文化庁が発足した戦後を中心に、関連官庁、文化施設、文化財保護法などの詳細が紹介されている。(4)

他方、研究者による成果については、日本文化政策学会がその中心的役割を担ってきた。多くの研究では、根木と同様、文化行政の現状に焦点を合わせながら、同時に博物館、図書館、文化ホールといったさまざまな「現場」にも視野を広げ、国・地方自治体・企業によって、政策、法制、さらにメセナがどのように実践されているかに注目している。(5)また、国際文化論という視点でも活発に議論されてきたのが日本の特徴であり、平野健一郎を中心とした研究者らによる成果が数多く提出されてきた。そこでは、主に戦後日本における国際文化交流と、その活動がもたらした外交・経済への影響が検討された。(6)

本書では、先行研究が主として取り上げてきた、特に戦後日本の文化行政の制度的側面の分析から一歩進め、施設や組織の社会政治的実像、すなわち、政府、官僚、芸術家、評論家、メディア、大衆の関係という国家と社会の相互作用を読み解いていく。中央権力と社会との関係を検討することは、ジョセフ・ナイが一九八〇年代後半に導入した「ソフト・パワー」の概念に対する問いかけにも繋がる。自国の思う方向に相手を動かすこの柔軟な力は、軍事力・資源力をもって他国に強制を行うハード・パワーとは対置される、国際政治におけるもう一つの力として説明される。被支配者からの同意を重視する点で、アントニオ・グラムシのヘゲモニー(覇権)にも通じるが、冷戦後のアメリカがグローバル経済や文化的価値において世界で示した支配力を裏づけるものだった。さらにナイは、著書『ソフト・パワー』(7)で、その概念の日本を含めたアメリカ以外の国への普遍的適用を試みるが、それぞれの国が行使の主体をいかに定め、どのような対外的・国内的文脈でそれを理解するかについては、解明していない。

本書では、日本の文化力形成の実態を探るために、一方において、国家の文化政策とそのレトリックが公的領域だけでなく、企業や個人といった私的領域にどのように働きかけたかを検証する。それと同時に、これらの社会的主体が国家に対してどのような影響を与えたかも検討する。日本の政府は、時には積極的、時には消極的でありながらも、昭和期全般を通じて、文化事業に関わるさまざまな公的・私的関係者間の協調を基盤とした文化振興政策を追求したことを明らかにする。

文化政策の国際的文脈

「古来から受け継がれた独自の自国文化」というイメージを作り出す過程は、多くの近代国家に共通した経験であったといってよい。この認識のもと、昭和日本文化の形成過程を国際比較することにしたい。

一九世紀後半から欧米諸国では、首都の大規模な再整備が行われた。そこでは、巨大な建造物や記念塔、街並などの可視的な事物を通して、国内的には国民の統合が図られ、対外的には帝国同士の権力が競われた。なかでもイギリスは、アーサー王の伝説など王室をめぐる神話を作り上げ、その権威を高める伝統的儀礼を演出することで、イギリス人という紐帯を着実に根づかせた成功例であった。エリザベス二世の戴冠式やチャーチルの葬儀は、大国の栄光を示す荘厳な儀式として国民の心に刻まれた。社会的共同体としての「イギリス」の意識は、古代スポーツ精神の制度化を通しても広まっていった。サッカー、テニス、ゴルフといった競技が「オックスブリッジ」に象徴されるエリート大学を中心に体系化され、その近代的形態はほかのヨーロッパ諸国やアメリカ（アイビー・リーグ）に素早く伝わった。こうした伝統の創出は、イギリスに限らず、多かれ少なかれ、他の近代国家においても見られた共通の営みであった（8）。

他方、そのような共通感覚を提供するための文化装置の規模や運営方法は、国や地域の方針や理念によって異なっていた。アメリカでは、二〇世紀前半からフォード財団をはじめとした私的団体が、政府から独立した形で文化活動を営んできた。ナチス・ドイツでは、第二次世界大戦中に国家主導による強力な文化統制が行われた。またイギリスのBBCやブリティッシュ・カウンシル、フランスのアリアンス・フランセーズのように、公営あるいは半公営の機関がさまざまな文化事業に深く関わった事例もあった。

文化政策の国際的な共通性と個別性に注目しながら、日本の場合には、どのような歴史的文脈で個々の政策が実践されたのかを考察する。近代日本が文化力競争に参入した背景には、自らの国際関係上の立ち位置を意識しながら、西洋列強のヘゲモニーに挑戦したいという願望があった。第二次世界大戦以前の日本政府は、欧米諸国の文化政策の方法論を脇に見つつも、独自の文化的理念を確立していった。その経験は、第二次世界大戦後に独立したアジア諸国に対しても、一つのモデルとなるものであった。

「日本文化」の変遷

考察の時期については、昭和期を戦時期(一九三一―四五年)、占領期(一九四五―五二年)、高度成長期(一九五五―七〇年)の三つに分け、それぞれの時代に「正しい」もしくはふさわしいとされる文化が作り出された過程を見ていく。そこで明らかになるのは、各時代ごとに日本を表象する「正統な文化」が、国家と社会の合意に基づいて選別されたということである。

一五年戦争のあいだの日本は、アジアへの軍事的拡大に対する国際的批判をかわし、アジア地域の正統な指導者としての位置づけをアピールするために、欧米列強に対して文化外交を試みた。西洋と比肩しうる日本の近代的な姿を提示することを目標とした当時の対外宣伝においては、後に見るように、列島の文化だけでは不十分であった。それを補完するために行われたのが、帝国のなかの植民地文化の提示であった。内地と植民地という多元的な文化の提示は、西洋に対して、帝国日本の包容力を認知させる一方、伝統的な植民地文化の対外宣伝への選択的起用は、効果的な植民地統治手段としても機能した。

これに対して、内地では、対外的に誇示された文化とは異なる国民文化像が作り出されていった。太平洋戦争中、戦況が厳しくなるにつれて政府は、国民を総動員するための事業を強化していったが、そこでは、「調和」「忍耐」「勤勉」「倹約」といった価値が日本の伝統として強調された。米英に対峙するためには、この「固有」の日本文化こそがまさに欠くことのできないものであった。

戦時の苦い経験にもかかわらず、終戦後も、文化の政治的役割は維持された。アメリカ主導の連合国による占領下において、日本の政府と社会は、時には占領軍と協力し、時にはアメリカニズムに挑戦しながら、新たな時代にふさわしい文化の意味を追求した。

占領期を通して激しく展開された文化論争は、経済回復が本格化した一九五〇年代半ば以降、次第に鎮静化する。高度成長期を迎えた日本では、戦時期のような大国願望はもはやなく、東西の仲裁者として自らの姿を提示した。冷戦が長びくなか、西洋とアジアの二つの異なる要素を調和することができる日本文化の柔軟性のアピールは、国際紛争に巻き込まれることを避けたい当時の社会的雰囲気を表すこととなった。

宝塚歌劇団と和洋混合

昭和期日本の文化形成において、民間資本の役割は決して小さくなかった。大衆からの支持を得ていた興行会社の公的事業への積極的参入は、文化行政の影響を人々の日常生活に浸透させることに大きく寄与した。見世物を消費者に提供する場である劇場は、ビジネスを超えた文化的空間となり、演劇、レビュー、舞踊といった文化的商品は、さまざまな企画を通じて演目そのもの以上の価値を持つ、日本文化の基底をなすものとして提示された。その一方で商業主義はしばしば民族的正史を改変することも厭わなかった。当たり前のように受け止められている各時代の「日本文化」は、尽きるところ、資本の力なしには実現できないものであった。

政府と資本の協働を分析するに際して、たとえば昭和期を通じて政府の文化事業に参画してきた宝塚歌劇団の役割は大きい。兵庫県宝塚市を拠点としながら、東京でも有楽町という中心地区に劇場を保有する宝塚歌劇団は、日本国内の興行界で確固たる存在であり続けてきた。その舞台が織りなすスペクタクルはたくさんのファンの欲望を惹きつけ、長年の活動は、国内のみならず海外の研究者・評論家からの注目も集めてきた(9)。

同劇団の文化領域における影響力は、現在に至るまで大きい。宝塚音楽学校の合格者発表や入学式の様子、新入生へのインタビューは、例年ニュースなどで伝えられる。トップスターに上り詰めた劇団員は、退団後もテレビや映画などで活躍する。二〇一四年には、宝塚歌劇団公演一〇〇周年を祝う記念行事が数多く行われた。そこでは、空前の大ヒットを記録した一九七四年初演の『ベルサイユのばら』が再演されたほか、定番の古典舞踊や華麗なグランド・レビューもいつものようにファンを魅了した。同劇団の創団以来の活動史を紹介する番組(『NHKスペシャル宝塚トップ伝説〜熱狂の一〇〇年〜』)や書籍(『宝塚歌劇華麗なる一〇〇年』朝日新聞出版)も作られた。

劇団がこだわってきた「和洋混合」は、日本人の自国文化に対する認識を窺わせる。和と洋の対峙と調和は、日本文化の「近代性」を測る最も重要な点として、宝塚関係者が常に念頭に置くテーマである。平成元(一九八九)年にニューヨークで行われた劇団過去最大規模のラジオ・シティ・ミュージック・ホール公演でも、宝塚舞台を特徴づける伝統劇と西洋演劇の混合は、健在であった。時代に呼応しながらの宝塚の変遷をこうした視点から考察していく。

本書の構成

第一章では、戦時期の日本政府が文化外交を通して欧米諸国に示そうとした自国の文化像について検討する。当時の宝塚少女歌劇団の欧米公演には、列強との文化交流事業を立ち上げて日本に対する親近感を抱かせ、一九三〇年代以来手詰まり状態であった国際環境を改善することに狙いがあった。本章では、国内の観客に対して欧米の芸術を紹介してきた歌劇団が、今度は文化使節として海外に派遣され、対外宣伝へと動員された過程を見る。

第二章では、植民地の文化人を起用しながら実践された帝国日本の対外宣伝について分析する。具体的には、植民地行政が最も深く根を下ろしていた朝鮮に焦点を絞り、拡大していくアジア植民地との関係を帝国日本がどのように捉えていたかに注目しながら、この点を明らかにする。帝国日本が植民地文化を帝国内へ統合する過程は、占領地域の文化をもっぱら人種的偏見によって排除しようとしたナチスとは異なっていた。本章では、女性舞踊家崔承喜《チェ・スンヒ》の欧米公演を見ることで、帝国日本における植民地文化の位置づけに対する新たな視角を提示する。

第三章では、前章まで見てきた対外宣伝から国内政策に視点を移し、戦時期の演劇運動を考察する。政府は大衆娯楽を一様に禁じるのではなく、情報局や大政翼賛会の統制下で娯楽を適切に活用することが、社会的不満の緩和、労働生産性の向上、総動員の円滑化に繋がると判断していた。知識人や評論家は、移動演劇の拡大が帝国臣民に対する教化の手段として機能することを期待した。他方、東宝を中心とした興行会社は、大衆に教養ある文化を広める必要性を訴える官僚や文化人らと認識を共有しながらも、自らの活動は主に興行目的として捉えていた。そうした思惑が錯綜するなかで、地方の人々は、中央から提供された娯楽演劇を観て、また専門家による指導のもとで素人演劇の制作と上演に自ら参加するなかで、国家のために献身する精神を体得していく。

本書では、「文化」が昭和を通していかなる変容をたどったかを描き出すが、現在の日本の文化状況を理解するにあたって、戦時期の経験は考察の始点となる。戦時期に多くの紙幅を割く理由はここにある。

第四章では、戦時期の文化政策が、敗戦後の新たな文脈のなかで再生される過程を論じる。占領期において文化行政は、情報局および大政翼賛会から文部省に移され、象徴天皇のもとで平和を好む「文化国家」として日本の基礎を整える役割を担うこととなった。文部官僚は、権威的で軍事的な戦争動員の経験を否定し、国家再建へと目標が変化したことに伴い、民主的な文化の意味について問いかけていく。そこでは、アメリカニズムだけが唯一許された文化のあり方というわけではなかった。本章では、アメリカ文化の受容とそれへの抵抗という葛藤の分析を通じて、アメリカと日本という占領・被占領関係のみならず、東宝争議に見られる敗戦後の社会状況から生まれた左翼と保守、労働者と資本家といった各層の理念的対立、さらには戦前との繋がりまで視野に入れることで、当時の社会を多面的に描き出す。

第五章では、宝塚歌劇団の戦後の新たな姿に目を移す。具体的には、一九五九年に行われた宝塚の北米公演とその後の国内公演を並置することで、政治的安定と経済的繁栄を促進するための戦略として、どのような日本像が作り出されたかを明らかにする。池田勇人《はやと》をはじめとする戦後内閣のもとでの経済優先主義は、国力をイデオロギー論争で疲弊させることを回避するとともに、高度成長期に芽生えた自国文化に対する自信と高揚感を下支えした。本章では、高度成長期の文化振興の推進者たちが、国際および国内情勢の変化を読み取りながら日本文化の価値をどのような姿のなかに求めていったかを探る。

第六章では、韓国に視点を移し、解放後の韓国が日本の文化政策を採り入れていく過程を論じる。具体的には、朴正熙《パク・チョンヒ》統治下（一九六一―七九年）の「文化韓国」計画に注目する。セマウル運動（一九七〇年代の農村近代化運動）の一環として、韓国文化芸術振興院をはじめ国家主導で推進された文化運動は、戦時期日本の文化動員や戦後の新生活運動と類似した点が多く、時には日本より国家主導的であった。韓国政府は、反共・経済発展・政権の正統性確立といった国家目標へ国民を動員するに際して、日常生活のなかに愛国主義を浸透させようとした。そこには、「自主」を主張しつつも文化政治という日本から伝授された方法論が適用されるという、民族主義の矛盾した姿を読み取ることができる。解放後の反日感情極まる環境にもかかわらず、しかも民族主義の象徴ともいえる文化分野において、日本のモデルが積極的に導入されたという点で、朴政権の文化政策は興味深い考察対象である。

第一章　「文明国」日本を見せる

——戦時期の文化外交と宝塚少女歌劇団の欧米公演——

はじめに

国際政治の文脈において、一九三〇年代は危機の時代と理解される。ヨーロッパにおいては、ナチスの勢力とファシズムが高まり、アジアにおいても、満州事変を経た日本の反西洋主義が強まりつつあった。日独の拡張主義政策は、両国の国際社会からの孤立を招くとともに、第一次世界大戦後に花咲き始めた国際主義を困難なものにした。しかし、こうして行き詰まっていく国際情勢のなかでも、国際主義者たちの活動は継続していた。ブリティッシュ・カウンシルのような政府主導の文化団体の設立(一九三四年)は、その一例であった。日本においても例外ではなく、欧米との対立激化と関係改善の試みという相反する方向性は、同時進行的なものであった[1]。

本章では、このような対欧米関係改善を目指した、戦時期(一九三一—四五年)日本の対外文化政策を見ていく。本章の特徴は、従来焦点とされてきた国際環境や政府間の動きのみならず、国内政策過程や社会レベルの関係者の行動についてまで、その分析を掘り下げて検討する点にある。すなわち、欧米に端を発する文化外交という新たな政策手段に対する官僚の考え方、海外に向けた宣伝内容や実施における問題点、さらに民間人・民間組織の参画の実態といった点に注目しながら、当時の日本の対外文化政策の性質を明らかにしていく。

戦時期の日本政府は、西洋列強と政治的・軍事的に対立を深めていったのとは裏腹に、アジアにおける唯一の「進んだ文化」の担い手として、海外に対する文化宣伝を積極的に推進していた。しかし、このような対外文化政策は、思いのほか多額の予算を必要とするものでもあった。このため、当時の外務省と国際文化振興会（KBS）は、文化事業の推進に積極的であったにもかかわらず、それを直接運営することには二の足を踏んでいたのが実情であった。そこで考え出されたのが、民間の文化事業者に財政的・人的資源の動員を求めることであった。ここに、文化政策の推進者である官僚と実際の文化生産者とのあいだの複雑な協力関係が形成される。

この協力関係を典型的に示すのが、外務省およびKBSと宝塚少女歌劇団（以下、宝塚）との関係であった。宝塚は、一九三〇年代末のKBSによる演劇・音楽事業において、日本政府が海外に派遣した唯一の劇団であった(2)。政府と興行劇団はともに、海外における日本文化の紹介という形での欧米との親善を建前としていた。しかし実際のところ、両者の思惑は異なるものであった。宝塚は、自らの宣伝と海外でのビジネス・チャンスを望んでいた一方、政府は、文化力の誇示を通じて国際政治環境における影響力増大を期待していた。本章では、このような戦時期日本の文化外交が、政府と私的団体との同床異夢の協力関係のなかで、どのように実現されたのかを検討する。

文化外交の概念と国際文化振興会の設立

文化外交という概念は、第一次世界大戦後に登場する。欧米諸国は、対外的な文化事業が国際関係における自国の地位向上に繋がることに気づき、一九二〇年代以降、国際的な広報活動を徐々に拡大していった。これらの国々は、政治体制のいかんによらず、自国の国際文化部局や関連機関、およびその海外支局・支所を設立するという点で共通していた。またその活動において、研究者の交流、図書の交換、海外での展覧会などを推進するという点でも共通していた。このような文化政策は、平和主義に基づいていたというよりも、自国のイメージを改善することで、国益の実現を試みようとする巧妙な戦略であった。当時の文化政策は、列強が採用した新たなタイプの外交活動であった。

このような一九二〇年代の欧米諸国の行動を観察していた日本の外交政策担当者も、文化政策について同様の意義を見出す。すなわち、文化的表現は単なる娯楽や余興ではなく、国家の軍事的・政治的目標の達成に繋がるものであり、文化外交の本質は国家目的に合致すると理解された。一九三一年、外務省書記官の三枝茂智は、フランス、ドイツ、スペイン、ロシア、オランダ、イギリス、アメリカなど、欧米各国における文化政策の比較調査を行っている。その報告書では、(ヨーロッパ諸国では政府自らが文化事業を担当するのに対して、アメリカでは民間に委託されるといったように)事業の企画や責任について国ごとに異なるアプローチが採用されているものの、列強はすべて、自国に有利な国際環境を作り出すために文化事業を行っており、それは基本的には「国粋主義」に通じる政策であるという見解が導かれていた(3)。

このような文化外交は、当時の厳しい国際関係を改善する手段として、日本の外交政策にも積極的に採用されることになる。実のところ、満州事変以前の日本の外交政策担当者は、国際政治における文化の役割を十分には認めていなかった。しかしその後、アジアへの軍事的拡大や欧米自由主義諸国との同盟関係拒否という極端な政策が強まっていったことで、列強のあいだの対日感情は悪化していく。そうしたなか、さらなる反日感情を未然に防ぎ、国際関係を円滑にするための防衛的戦略としての文化事業が、一九三〇年代半ばに至り、次第に注目されていった。国際主義者の柳沢健は、「文化戦争」ともいえる列強諸国の現況を取り上げ、軍艦製造の技術のみが、日本の力を誇示する手段ではなくなっていることを、日本社会が広く認識すべきであると訴えた。柳沢によれば、日本文化が尊敬されるための積極的な行動を日本人はとるべきであり、その文化的存在を海外に周知させることをもって、アジアにおける日本の指導的地位の正当性は認められるとされた(4)。外務省内においては、このような文化事業によって、「世界ノ各国ガ吾々ヲ理解シテ呉レテ、吾々ヲ差別待遇」することはなくなり、アメリカにおける日本人移民の禁止などに象徴されるような、白人からの差別は阻止できるようになるという認識が次第に強まっていった(5)。たとえば、外務省事務官箕輪三郎は、外務省資料において、文化外交が、危機の時代にある日本の外交政策における新たな原則になるべきという主張を強く展開した(6)。

こうした論調を反映するかのように、一九三三年の国際連盟脱退後の日本では、公的・私的双方のレベルで、多くの文化団体の設立が見られた。(7) そのなかでも、政府によって支援され、当時の最も代表的な文化機関となったのがＫＢＳであった。一九三四年四月、外務省からの援助で設立されたＫＢＳは、総裁に高松宮宣仁《のぶひと》親王、会長に近衛文麿を戴いたほか、樺山愛輔《あいすけ》、岡部長景《ながかげ》、斎藤実《まこと》、広田弘毅といった政治家、有力官僚、国際主義者、文化人など、総勢一五三人の評議員を持つ、日本最大の公的文化機関という陣容だった。すべての「文明国」が自国の文化宣伝を当然のごとく競い合うとされた当時の国際社会において日本も立ち遅れることのないよう、政府内に国際文化事業を担当する中心的機関が設立され、対外文化戦略に向かう体制が整えられたのであった。(8)

ＫＢＳの活動内容は、その規模にふさわしく、多方面にわたる国際文化事業を含んでいた。具体的には、①翻訳・出版、②講師の派遣・交流、③展覧会・公演の開催、④資料寄贈・交換、⑤海外文化人の招聘、⑥海外における東洋学の助成、⑦交換留学制度の設立、⑧文化団体・文化人の交流、⑨映画製作の援助、⑩図書館や研究施設の設立・運営、などが行われた。(9) 政府は、補助金を与えることでそれらの活動を支援し、二〇万円（一九三四年）、三四万円（一九三七年）、五〇万円（一九三九年）、七〇万円（一九四〇年）という予算額の推移が示すように、戦時下の経済が逼迫した時期においても支援を増大させていった。(10)

日本対外関係史の従来の研究においては、ＫＢＳは、戦時期という「暗黒時代」において、何人かの良識ある国際主義者が全体主義への消極的な抵抗の一環として行った文化的行動としての評価が行われることがしばしばあった。(11) しかしながら、上に見たＫＢＳの人員構成、組織構造、政府による財政支援、さらに設立までの経緯は、それが、たとえば一九二〇年代に設立された国際知的協力委員会のような、いわば研究者の集まり程度の団体では決してなかったことを明確に示していた。

KBSに関して、さらに重要なことは、この文化的組織の設立に対する日本政府の関心が、列強同士の外交関係にのみ限られていたという点である。いいかえると、文化外交は、列強諸国と同様に異なる文化を持っているはずの植民地に対しては用いられるものではなかった。

日本政府は、西洋の文明国だけが日本の文化外交の対象となるのであり、アジアに対しては、対等な文化交流関係を構築する必要がないという主張を展開する。確かに、一九一九年に朝鮮で起こった三一独立運動後の朝鮮総督府は、効果的な植民地臣民統制のために、強圧的な「武断政治」からやや柔軟な「文化政治」へと懐柔戦略を採り、新聞や出版における朝鮮語使用を許可するなど、部分的な文化受容による植民地人との妥協を試みた[12]。また、一九二三年には外務省内に対支文化事務局(のち文化事業部)を設置し、中国研究への支援や日中研究者の交換など、大陸においても文化事業を行った[13]。しかし、近代化の水準において日本とアジアは不均等であるという立場から、総じてそれらの活動は外交とみなされることはなかった。対アジア文化政策は、日本の影響力を遅れた国・地域に拡張し、植民地臣民を教化・統制するという、広義の植民地政策として位置づけられた。日本の外交政策担当者は、文化外交の定義を文明国間での行動と限定することで、「文明」の西洋と「野蛮」の東亜に対する異なるアプローチを採ったのであった。

文化協定といふのは、主として欧州大戦後最近に至る迄「ヨーロッパ」や「アメリカ」の諸国で〔中略〕結ばれた条約のことで、〔中略〕文化協定を結ぶ国は双方ともいはゆる文化国であるのは勿論、双方の文化がほぼ対等と思はれる迄に発達してをり、〔中略〕ですから進んだ文化国と野蛮国との間〔中略〕ではこの種の文化協定が結ばれることは困難でせう。(14)

こうした姿勢の外務省のもとで、ＫＢＳは、パリ、ベルリン、ニューヨーク、ローマなどに連絡員を常駐させ、それらの海外ネットワークを通じて、日本は文化外交において西洋列強と競い合い、それとともに国際関係の改善に力を入れているという主張を展開した。(15)

しかしながら、このような国際文化事業の重要性を主張する外務省とＫＢＳに対する他の省や部局の姿勢は、必ずしも好意的とはいえなかった。文化外交に対する認識の食い違いは、大蔵省からの予算獲得の困難という事態に端的に表れた。すでに述べたように、ＫＢＳへの政府支援は、設立当時（一九三四年）の二〇万円から、その後、少しずつ増額していった。しかしそれは、他の列強が文化事業に割り当てていた額と比較すれば実にわずかなものであった。

帝国議会での報告によれば、当時、ドイツでは七六〇万円、フランスでは八四二万円、イタリアでは八三〇万円の予算が使われていた。(16)世界恐慌（一九二九年）にもかかわらず、文化事業に対して継続的な支援を行い続けた列強のこうした政策は、日本の文化外交政策者には大きな衝撃を与えるものであった。そうしたなか、政府は、一九三五年には国際文化事業予算として大蔵省に二四〇万円を要求したものの、財政的理由から拒否される。結局、予算は一〇〇万円まで減額され、そのうち新規事業分は、ＫＢＳに対する補助金三〇万円を含むほぼ半分の約五四万円にとどまった[17]。

外務省を中心とする文化外交の積極派と財政的支援に躊躇する大蔵省をはじめとする消極派の混在は、対外文化事業における二重の態度を政府にとらせることになる。一方で、上述のＫＢＳ設立過程が明らかにするように、政府が戦時期日本の文化外交を牽引したことは確かであった。しかし他方で、財政不足という制約は、国民からの直接の参加と動員に解決策を見出そうとする政府のもう一つの姿勢に繋がっていった。柳沢健によれば、当時の危機的な国際状況は、日本の国家と社会がともに「国運」を引き上げるために、自らの知的および財政的資源をともに動員することのできる「天の与へたる幸運」もしくは「絶好のチャンス」であった[18]。日本の文化外交をめぐるこうした状況は、文化事業を、必ずしも専門的外交官のみによって行われるのではなく、各分野のさまざまな日本人が参加すべき「銃後の文化戦線」へと導いた[19]。財政的弱点はむしろ、私的部門からの支援を求める政府の戦略的な「口実」となる。以下に見るように、政府は、文化力を発信するための民間文化生産者を積極的に動員していく。

宝塚少女歌劇団の欧州公演（一九三八年）

一九三七年に勃発した盧溝橋事件と南京虐殺は、世界的に反日感情を高め、特にアメリカ世論は、日本軍国主義を辛辣に批判した。日本政府は、こうした状況に対応するために、海外に向けた文化宣伝への努力を強化していくことになる。

一九三〇年代半ばから、ＫＢＳと鉄道省国際観光局では、『ＮＩＰＰＯＮ』や『トラベル・イン・ジャパン』などの定期刊行物を複数の言語で出版する活動を支援し始めた。これらの雑誌は、近代建築物や、風景・人物に加え、伝統文化が日常のなかで生きている現代日本人の様子を鮮やかな写真で紹介し、欧米の読者を魅力的な博物館に誘うような趣向で作り上げられていた[20]。一九三三年、国際観光局は、当時アメリカで最も購読されていた青少年雑誌の一つ『アメリカン・ボーイ』と共同で、アメリカの若者に対して、日本を訪問したい理由（「Japan—and Why I Want to Go There」）をテーマにした懸賞論文を募集したが、その回答は、いかなる日本像を西洋に提示すべきなのかを示唆していた。一七六〇名以上の応募のうち、ほとんどの回答は、①近代的な日本の姿を見るため、②日本の若者と交流するため、③日本の自然風景を楽しむため、というものであったが、これは古典文学や、歌舞伎、能、茶の湯などの伝統芸術を理解できる欧米人は、言語能力や専門的知識を持った少数の限られた人々に過ぎないという現実を反映していた。言い換えれば、東洋日本の「深奥幽玄」な文化を、異なる文化圏の西洋人に理解させるのは困難であり、まずは大衆にアピールできる「近代性」を媒介として日本への親近感を持たせるのが大事であることを、回答の結果は示していた[21]。

そのような日本のモダニティを体現していたのが、まさに宝塚であった。この時期の日本政府は対外文化活動への関心を徐々に強めていたが、制約された国際環境のなかで、現実的にとることができた手段は、当面、同盟国との一層の関係強化に限られていた。こうしたなか、日本政府は一九三八年一一月に、独伊との三国防共協定締結一周年(ドイツとは三六年に締結)を祝賀する名目で、宝塚を欧州に送ることを決定する。多くの組織・団体のなかでも、あえて宝塚が選ばれたのには、二つの理由があった。

第一は、宝塚の安定した資本基盤である。一九一三年に、箕面有馬電気軌道(後に阪急電鉄)の創業者である小林一三《いちぞう》が宝塚歌劇団・宝塚音楽学校の前身である宝塚唱歌隊を設立して以来、宝塚は大手興行会社としての地位を確立していた。アミューズメント・パークや温泉などの娯楽複合施設を路線沿いで経営していた阪急電鉄の資本力のもとで、当時の宝塚は、精力的に市場開拓をしていた(22)。

第二に、政府が対外文化活動で目指した大衆向けの興行活動は、宝塚経営における最大の眼目でもあった。一九一四年の実質的な活動開始以来、宝塚は、大阪毎日新聞社が企画する年末行事に参加し、慈善公演を行うなど、メディアとの協力を通じた大衆向けの宣伝活動を活発に行っていた(23)。小林の基本的な考え方は、少数の特権者だけに与えられる「贅沢品」としてではなく、家族づれが日常のなかで楽しめるような低廉な価格で演劇を提供することであった(24)。当時の観劇の入場料は通常三円ほどであったのに対して、宝塚の場合はわずか三〇銭であった。破格の入場料を実現するためには、多くの観客を動員することが必要であり、一九二四年には四〇〇〇人を収容できる宝塚大劇場を建設するに至った(25)。関西地方を拠点としていた劇団は、一九三〇年代に入ると、中央の文化的ヘゲモニーへの挑戦も行う。一九三四年には東京宝塚劇場を開いたほか、日比谷映画劇場、有楽座、江東楽天地を建設するなど、小林による劇場経営は、本格的に東京に拡大していった(26)。

宝塚のこうした大衆志向は、その演目の構成にも反映される。しばしば宝塚のライバルとされ、現在まで歌舞伎の興行をほぼ独占している松竹が伝統劇に精力を注いでいたとすれば、宝塚の作品は、歌舞伎や狂言といった伝統的な表現に洋楽をあてるなど西洋のスタイルを織り込んだ文化的な混合を特徴としていた。それは、単なる西洋の真似ではないが同時に純粋に日本のものでもない、大衆娯楽の形式を備えたレビューであった。小林は、従来の伝統劇をベースにしながらも、それに手を加えてモダンな作風へと洗練させることによってこそ、大衆の欲望を満足させる「国民劇」を作り上げることができると確信していた(27)。

このように、大衆に根ざした宝塚は、日本国内では高い人気を博し、当時の日本の文化トレンドの一面を表していた。欧米の視点から見て日本文化を象徴する芸術である歌舞伎の正統な舞台を見せるのではなく、彼らからすれば俗悪とも捉えられる大衆娯楽を、文化外交という公けの場にあえて持ち出すことは、挑戦的な試みともいえた。しかし、日本の伝統文化を基調としながらも西洋的要素をも取り入れるという、近代日本の文化的柔軟性と創造性の提示によって、文明国同士の文化的な競い合いに参画するにふさわしい存在として日本を認識させると期待されたのである。さらに、うら若き女性たちのみが登場する舞台は、永遠なる美を象徴するとされ、軍国主義とは対極的な優しさを印象づける格好の存在として、対外的な公務を担うにふさわしいと評価された。

こうして、宝塚は日独伊親善芸術使節として、一九三八年一一月から三九年一月にかけて、ヨーロッパ公演を行う。外務省文化事業部の市川第三課長は、宝塚の派遣を次のように語っている。

近く日独伊防共協定締結一周年を迎ふるに当つて、事変以来、我国に示してくれた、独伊両国民の好意に感謝すると共に、何等かの方法で日本のいゝところを知つて貰ひたいと考えて居つたところ、宝塚の少女劇団が、国策の為め、利害を超越して、其任に当るといふことから、陸軍省海軍省とも協議の上、いよ〳〵実行したのであります(28)

宝塚の欧州派遣は、しかしながら、政府による一方的な命令というものではなかった。早くも一九二〇年代半ばから、小林は、宝塚の主要作家や振付師を欧米に外遊させるなど、宝塚自らも、海外で新たな機会を得ることをかねてから渇望していた。ブロードウェイやパリのショービジネスの調査を行った彼らは、帰国後、『モン・パリ』(岸田辰弥作・振付、一九二七年)、『パリゼット』(白井鉄造作・振付、一九三〇年)、『マンハッタン・リズム』(宇津秀男作・振付、一九三七年)などの新作を矢継ぎ早に発表した。パリやニューヨークに対するロマンチックな憧れは、華麗なラインダンス、タップダンスによって披露された(29)。

こうした経緯のなかでの欧州公演は、宝塚の経営者や作家にとっては、またとない機会であった。海外公演は、国内公演に比べれば、経営的負担や綿密な計画がいっそう求められる大がかりな事業であった。さらに、ドイツのオーストリア侵攻による当時のヨーロッパの混乱状況を考えると、劇団員が危険に晒される可能性もあった。それらの困難にもかかわらず、この欧州公演が、宝塚にとっては、海外に興行ネットワークを広げる商機であることに変わりはなかった。しかも国際親善という公的文化事業で日本文化の宣伝に率先して参加するという名目は、国内における声望と評価にも繫がるものであった。

小林ら宝塚幹部は、ヨーロッパの観客に見せる演目について詳細に検討を行ったが、そのための作品試演の批評会を見ると、着物で踊る群舞の『宝塚をどり』[30]など、いわゆる日本物をもとにした演目が目立つ[31]。これには、小林自身は、宝塚の歌劇は西洋オペラに匹敵する水準にはいまだ到達していないと考えていたことが、その背景にあった[32]。宝塚による西洋的なステージが国内の観客を魅了していたとはいえ、それらの内容やスタイルがヨーロッパの人々の期待に応えられるかについてはいまだ確信が持てなかったのである。小林によるこの率直な自己評価は、しかし、彼がそれまで主張してきた、伝統劇を西洋的に改良することによって初めて国民劇が完成するという考え方を否定するものではなかった。

日本ものとなると、いづれも舞妓式の祇園情緒めいたものが多いので、それも、外人が好むからといふのではない、好むだらうと日本の方が押売してゐる傾向がある、外人は、千編一律で困ると言つてゐる。そういふ事も、今度の渡欧ですべてが判明するだらう[33]。

つまるところ、当時の宝塚の西洋的スタイルの消化力と欧州観客の日本文化への理解度を総合的に斟酌した結論が、歌舞伎に西洋の踊りと音楽を組み合わせ、親近感と異国情緒をともにアピールするという戦略であった。

こうした演目を準備して、一九三八年一〇月、四五名（うち生徒三〇名）の宝塚使節団は、初の海外公演に向かった。一一月四日にベルリンに着いた一行はのっけから、外務省の人事異動に伴うトラブルに遭遇する。陸軍中将大島浩が東郷茂徳《しげのり》に代わって新たな駐独大使として赴任していたが、宝塚の欧州行きについての引き継ぎがうまく行われていなかったのである。大島の不誠実な対応や本省とのコミュニケーション不足は、戦時期日本の文化外交における未熟な一面を露呈するものであった。結局、一行は、現地に着いてから関係官吏や劇場と連絡を取りなおすとともに、日程を改めることとなり、公演に集中できるようなきめ細かい受け入れ準備や適切なサポートを現地公館から受けることはできなかった。欧州公演総監督であった秦豊吉は、当時の困惑を次のように回顧している。

宝塚舞踊団の世話と交渉を引き受けて、伯林《ベルリン》まで来た私は、東京で日本の外務省が話を決めてくれたことを、そのまま信用して、伯林までやつて来てみると、ここの日本大使館の話は極めて曖昧である。〔中略〕日本の外務省と出先の駐独大使との意思がまるで疏通《そつう》していない〔中略〕。

私は毎日のように、日本大使館と、独逸《ドイツ》宣伝省の間を往復した。(34)

こうした状況にもかかわらず、一行は、ポーランド一カ所、ドイツ一五カ所、イタリア九カ所でどうにか公演をこなし、まずまずの成功を収めることができた[35]。事前に十分周知されていなかったことから、使節団は、一一月一四日にベルリンのベートーベン・ザールで試演会を開き、日独両国の高官、評論家、記者を招待するなどして、約九〇〇人に及ぶ観客を自ら動員した[36]。本来の役割ではなかったはずの宣伝役も担った甲斐あってか、二〇日から四日間の国民劇場(Theater des Volkes)での本舞台の切符は完売となった。日本の各紙は、公演の成功のみならず、団員たちの「冬季救済事業の夕」への参加など、舞台外での社会的親善活動についても報じた[37]。

図1 カイザーホーフのお茶会で合唱する少女たち(出典:岩淵達治『水晶の夜, タカラヅカ』青土社, 2004年, 69頁)

宝塚側は、日本国内のメディアの報道をはるかに上回る勢いで、機関誌『歌劇』を通して、公演の様子をこと細かに報じた。同誌に翻訳掲載された欧州の評論家による論評を見ると、彼らは、宝塚が西洋のレビューを日本伝統の踊りのなかに取り入れているところに注目し、宝塚舞台の本質を的確に理解していた。オーケストラに伴奏された着物姿の群舞のなかに、「原始」と「現代」の融合を発見し、「古代の足跡」に「近代の絢爛《けんらん》さ」が加味されたことに印象を受けたと評していた[38]。しかしながら、こうした観察は、必ずしも宝塚によるヨーロッパ風レビューを芸術的にも高く評価していたことを意味したわけではない。批評は、音楽やリズムに対して違和感を述べ、純粋に日本的な舞台の方が魅力的であろうとも論じていた[39]。

芸術性とは別に、営利団体としての宝塚にとってより重大な問題となったのが、公演で生じた経営的損害であった。経営側は、人件費や船賃などに多額の費用がかかることは了解していたものの、公演自体が損失をもたらすとは予想していなかった。今回の渡欧の総経費は約二〇万円となり、ドイツの国民劇場での切符完売はあったものの、公演の最終的な収支は、三万五〇〇〇円の赤字だった[40]。その原因は、上述した、現地到着後のトラブルや宣伝不足、演目に対する芸術的評価の低迷が考えられる。そのほかにも、欧州諸国においては適切な興行シーズンではないクリスマスと新年のあいだに予定を組んだことなど、現地事情の調査不足も影響していた[41]。

もっとも、多くの課題は残したものの、欧州公演が経営者や少女たちにかけがえのない経験を与えたことには間違いない。参加者の報告には、現地で遭遇した困難を団員同士で乗り越えた感激や、市内見学および現地の人々との交流での印象など、渡欧に関するさまざまな感想が綴られている。そこには、日本の近代的な大衆文化を、国民を代表して他の文明国に紹介するとともに、その「お土産話」を持ち帰ることで、ヨーロッパでの経験を伝える媒介者としての役割を果たしたことに対する自負が窺える。また、実際の支援は少なかったとはいえ、政府からの文化使節としての御墨付きは、使節団の芸術的および社会的活動を権威づけるものとなったといえよう[42]。

宝塚少女歌劇団のアメリカ公演（一九三九年）

使節団の欧州からの帰国は、国内メディアの注目を浴び、日本と同盟国の親善強化に努める「東亜の振袖使節」と報じられた。団長の小林米三（小林一三の長男）も、今回の渡欧公演によって、今後の投資に自信を深めたと述べ、日本の芸術にはさらなる海外進出の可能性があると語った[43]。確かに経営的には成功を見なかったものの、現地の反応はおおむね好評であり、民間の使節として「側面外交」を行ったという日本側の理解は、宝塚に国内の一劇団にとどまらない地位をもたらした[44]。

こうした欧州での実績は、渡米という新たな機会を宝塚に与えることとなる。外務省、国際観光局、ＫＢＳは、一九三九年のサンフランシスコ・ニューヨーク両万国博覧会への宝塚派遣の検討を開始する。対米文化宣伝は、同盟国のドイツやイタリアに対する親善努力をはるかに超える重要性を持つものであった。特にニューヨークは、日本のプレゼンスを示すうえで緊要の場所であり、反日感情を好転させるための積極的な任務が要請された。当時、ドイツ、イタリア、フランス、イギリス、ソ連は、自国の文化外交の足場として、ニューヨークに情報施設を設け、アメリカにおけるネットワークを広げていた。日本もこれら列強の「入り乱れる文化戦線に伍して」、一九三八年一一月には、ニューヨークのロックフェラー・センター内に日本文化会館（館長・前田多門《たもん》）を開館した。ＫＢＳは、ここを拠点として、ラジオ、新聞、雑誌、パンフレット、映画、写真による日本事情の紹介やアメリカ文化関連機関との交流を図るなど、情報活動を活発に行った[45]。

宝塚側にとっては、アメリカ公演の実現は、興行的に不振であった欧州での経験を生かしつつ、海外ビジネスの可能性についてのより明確な判断をする絶好の機会であった。一九三九年二月四日、東京宝塚劇場の取締役会長渋沢秀雄は、外務省通商局長の松島鹿夫に手紙を送り、国家のために精励する宝塚への支援を求めた。その書簡には、朝日新聞社アメリカ特派員でもあった坂井米夫から小林一三に送られた手紙も添付されていた。そこでの坂井の見解は、日本の文化外交における宝塚の博覧会派遣の重要性を説くものであった。

米国の排日貨運動は相当深刻であります。こういふ時節であるから政府の宣伝だと直ぐわかる。〔中略〕反つて逆の効果を来します。美くしいうら若いお嬢さん方が、米国人がまだ見たことのないシヨウを上演するのは何よりもい丶事で、米国人側でも必ず喜こぶに違いなく、見ない大衆も新聞雑誌やニユース映画を見て対日感情を理屈ぬきにやはらげる事は国策の上からいつて大事業です。〔中略〕兎に角これは一番い丶国民使節であり芸術使節であるわけですから大成功を納めるやうにしなければなりません[46]

アメリカ公演に対して日本政府は、注意深い姿勢を示した。外務省と国際観光局は、上演予定作品の点検をつぶさに行い、対日認識を悪化させるような描写があれば、その可否について積極的に関与した。たとえば『唐人お吉』という作品は、アメリカの英雄を尊敬をもって描いておらず、現地の観客に見せるのに適切でないとの理由で上演が認められなかった[47]。プロモーションにおいても、ファシズムやナチスに対して強い反感が広がっていたアメリカの状況を考慮し、情勢に関する微妙な事項についての注意喚起が行われた。一九三九年三月二一日、佐藤敏人在サンフランシスコ総領事から本省に届いた電報には、ドイツとイタリアの国旗が舞台やパンフレットに掲げられていた欧州公演の写真は、アメリカで配布しないようにという警告が綴られていた(48)。さらに、上記の坂井からの書簡のなかでも、使節団一行のアメリカ滞在中のエチケットや取り上げるべき話題について、細かく指示が行われた。

絶対に日支問題に言及しない事。米国の女性を讃《ほ》め(何とでもい、から)そして〔中略〕写真には必ず朗らかに笑つて撮る事。どこに行つても注目の的となるから明朗にハキハキ振舞ふと共に下等な米国の流行をまねず、上品に行動し、映画俳優の誰が好きかと聞かれたら排日貨運動をやつてゐる役者の名前を挙げない事。そのリストは外務省に行つてゐます。〔中略〕聖林《ハリウッド》で俳優と写真をとる時は、ちやんと背をのばして堂々と撮る事。常に胸を張つてゐる事。大道具の人々も身なりをキチンとして紳士として行動する事。兎に角白人に会つても日本に居る時のやうに余り頭を下げず、而《しか》も洋風のポライトさを失はないやうにする事(49)。

関連各方面から指導を受けた宝塚親善芸術使節団は、一九三九年四月二〇日、サンフランシスコに到着した。当地のオペラ・ハウスおよび博覧会場での公演を前に、日本国内の新聞は、『サンフランシスコ・ニュース』紙の社説の一節――「陰惨な日支紛争を超越して吾人を一層日本国民に近づかせるに役立つだらう」――を引用し、日米両国にとってのこれら親善活動の重要性を強調した[50]。さらに後のニューヨーク公演については、同劇団による「大国民の真の姿」が「世界的強国」「東亜の盟主」としての日本の地位をアメリカ人に理解させたと報じた[51]。

サンフランシスコ初公演についての地元各紙の評価は、欧州の評論家と同様、近代化された古典劇の演じ方に注目していた[52]。そのなかでは、「オリエンタルでありながらオクシデンタル」な舞台[53]、日本伝統の歌舞伎のなかに取り込まれた西洋的要素に「芸術の国際性」を見出すものなど、称賛も見られた[54]。欧州公演の赤字とは異なり、今回の公演では四六〇〇円の利益を生み出すことにも成功した[55]。

西海岸での実績に自信を持った宝塚一行は、引き続いて同年五月のニューヨーク万国博覧会での公演を敢行する。欧州の同盟国や、在米日本人の多い西海岸と比べて、ニューヨークは、対日感情もはるかに悪く、宝塚にとっては決して受け入れられやすい場所ではなかった。経営上も厳しく、欧州公演同様、政府からの十分な経済的支援は約束されていなかった。渡米前の宝塚は、せめて船賃だけでも援助を受けたいと外務省と交渉していたが、日本郵船が仲介に入ることで、一等席を二等席の値段で提供してもらうことがようやくできたという状況であった[56]。同年三月七日、有田八郎外務大臣宛に届いた電報で、若杉要在ニューヨーク総領事は、ニューヨークでの三日間の公演の経費を一万五〇〇〇ドルと見積もったうえで、この費用を外務省が負担することに難色を示していた[57]。宝塚経営陣は、このような悪条件のなかでも、世界最大の舞台であるニューヨークで認められるならば、宝塚の成功は世界のどこでも保証されるであろうと確信していた。アメリカ公演総監督渋沢秀雄が述べたように、宝塚のアメリカ行の最大の目的は、公務とは別に、そこに商機を見出すことにあった。

　私は損失の最大限度に予想がついたから、宝塚は東部に進出すべしといふ結論を得た。〔中略〕宝塚といふ布地《きれぢ》の持つ弱点を、まづニユー・ヨーカーに指摘させるのが商ひの第一歩だ。日米親善の問題に至つては、若杉総領事からお手厚い招致をお受けした一事を記せば足りる。(58)

図2　宝塚公演の宣伝が貼ってあるサンフランシスコ会場の前景(出典：渋沢秀雄『宝塚渡米記』春陽堂書店, 1939年, 口絵)

GRAND CHERRY SHOW
TAKARAZUKA GIRLS
PROGRAMME

SAYO HUKUKO

A. DANCE TAKARAZUKA

"Takarazuka-Ondo"
(Cherry Dance)
Singing Girls •Hibiki Tisuzu
•Momozono Yumika
Dancing Girls —32

Prelude (Three Celebrants)
"Samba" •Sayo Hukuko
•Namba Syoko
•Sakuramati Kimiko
•Kaga Matuno
•Turu Makiko

At the Riverside
(Stage Reproduction of Ukiyoe)
Geisya •Hanezato Isako
Singer •Hibiki Tisuzu
"Samisen" players
•Simono Haseko
•Miyosino Kinuko

Puppet Show
When my Ship comes Home
(Fishermen's Festival)
Fishermen —16

Kabuki "Soga" (Showing the Elegance of Kabuki Play)
Zyuro Soga •Kasugano Yatiyo
Goro Soga •Saho Miyoko
Maizuru •Turu Makiko
Princess •Kusabue Yosiko

Nikko (At the Most Famous Temple of Japan)
"Samurai" •Sayo Hukuko
Kudo (the enemy of Soga brothers)
•Yasiro Keiko
Princess •Kusabue Yosiko
Pages —20

Ancient Martial Frolic
(Comic Dance)
Head attendant •Miura Tokiko
Attendants —16

図3　アメリカ公演プログラムの一部(出典：『歌劇』1939年4月, 147頁)

一行が直面した現実は、しかしながら、『ニューヨーク・タイムズ』紙の著名な評論家ジョン・マーチンの酷評が示したように、散々なものであった。

昨夜の二時間にもわたる公演は、〔中略〕まさに終わりの見えないものであり、日本の劇や舞踊芸術のいくつかの真の栄光を思い出すために、自宅に走り戻り、ゾーイ・キンケードの歌舞伎に関する本に目を通すか、あるいは、アーサー・ウェイリーの能についての翻訳を一、二冊読みたい気持ちにさせるものであった。(59)

従来、宝塚の舞台については、演目を「西洋物」対「日本物」に二分し、日本国内ではレビューを見せて新たな創造性を示す一方、海外での活動においては、もっぱら伝統色を出してオリエンタリズムに依存したことがしばしば指摘されてきた。今回のアメリカでの公演タイトルも、まさに『グランド・チェリー・ショー』であり、プログラムの表紙は、舞姫、富士山、桜など、ステレオタイプに満ち溢れていた。(60)この点から見ると、純粋な日本文化の姿があまり表現されていなかったことに対するマーチンの不満は、理解できる。

しかし、宝塚作品の芸術的本質は、これよりも複雑なものであった。宝塚で古典舞踊・物語・歌を演ずるに際しては、伝統的な衣装や振る舞いの型は踏襲しつつも、それは伝統そのものであるように見えてはならなかった。西洋と伝統の両面に等しくアプローチし、日本文化の進歩した姿としての近代性を提示することに、宝塚独自の芸術性がなければならなかった。すなわち、宝塚が目指そうとしたのは、「キモノ芸術」のなかに、「国際性」を吹き込むことであった[61]。マーチンの批評は、こうした宝塚演劇に対する理解を得ることが容易でないことを端的に表すものであった。

西洋・伝統双方の文化の体現者を自負する宝塚の芸術的真意を伝えることは、当時の状況からすれば、簡単な作業ではなかったであろう。異国情緒あふれる衣装や少女たちによる小鳥のような仕草は、視覚的に興味を引くものではあったものの、ニューヨーカーの評価は、そのような芸術性への理解の限界を露呈していた。再びジョン・マーチンを引用すれば、それは西洋の「真似」としては無器用であり、その一方で、正統な歌舞伎としては適切ではなかった。宝塚が訴えた独特な魅力や印象は、ついぞ理解されなかったのである。

私たちを引き留めるものは、ほとんどない。〔中略〕日本語であれ、どの言語であれ、ホンキートンク調は、実に世界中どこでも一緒である。〔中略〕時折彼女らは伝統的な固有の仕草をわずかに見せるが、より頻繁に、西洋の姉妹たちの真似をしており、ブロードウェイのコーラス・ガールのように気どって歩き、ラインダンスのように一列に並び、裏面にアメリカ国旗が描かれた扇子を振り、そしてお決まりのタップに再び戻るのである[62]。

舞台内容に対するこのような理解不足に加えて、ニューヨーク万博の現地スタッフとのあいだで公演場所の選定や観劇料をめぐる事前協議が不十分であったことも、観客動員失敗の一因となった。他の見世物は一〇―四五セントであったのに対して、宝塚の公演が行われたミュージック・ホールは、クラシック・バレエ向けの高級施設であったため、二ドル八〇セントという料金が設定された。観客の立場からすると、市内から会場までの交通費や博覧会入場料を支払ったうえに、さらに宝塚公演に高い観劇料を支出することは、価格の面で無理があったといえよう。加えて、そもそも長時間にわたる観劇というイベント自体が、博覧会という場における見物客の動員には不向きであった(63)。結局、宝塚は、予定された二週間の日程を満了することができず、後半の公演をキャンセルし、自由見学をしながら過ごすという事態に追い込まれてしまったのであった(64)。

当然ながら、ニューヨーク公演は、多くの営業上の損失を残した。外務省、国際観光局、KBS、万博協会などから、総額四万円の補助金を受け、さらに西海岸では利益を得たにもかかわらず、全九都市のうちニューヨークのみで四万三〇〇〇円の赤字が生じた宝塚は、渡米公演による損失一万四〇〇〇円の負担を背負うこととなった(65)。

全体として見れば、この対米文化外交は、アメリカ人の対日感情を改善させることには成功しなかった。公演の水準は、少なくともアメリカ人には不十分とされ、一般の観客と専門家はともに、舞台上で繰り広げられた日本的近代を理解することはできなかった。宝塚をはじめとする日本人側が望んでいた、東西文化を融合させる卓越した能力を証明する偉大な芸術的成果への敬意を得ることは難しかった(66)。

いうまでもなく、宝塚による渡米公演は、日米間の戦争をくい止める助けにはならなかった。帰国途中の使節団には、小林から一通の電報が届けられた。そこに書かれていたのは、「派手な服装で降りるな。出発した時の服装で帰るべし」であった(67)。

渡米振袖使節の帰国と大東亜共栄圏への道

親善活動もむなしく帰国した一行を迎えたのは、アメリカをはじめとする、あらゆる潜在的敵対国からの文化的影響を排除すべしという雰囲気へと変化していた日本国内の情勢だった。一つのエピソードが、その状況を物語る。当時、訪日していたカナダのバスケットボール選手と宝塚少女たちとの交際が報じられるということがあった。このスキャンダルに対して、大阪憲兵隊と国内メディアは、「アメリカニズム」に染まって帰国した使節団とその渡米活動を支援した外務省の無駄使いを辛辣に非難し、各方面からの批判を浴びた宝塚は、少女らを退校処分するまでに至った(68)。

太平洋戦争の勃発に伴い、戦争色がさらに本格化するにつれて、宝塚の軍事協力も徐々に明確になっていった。戦線慰問のために宝塚新温泉で開催された軍事後援展には、宝塚の生徒からの作品も出品されたが、そのなかにあった、チャーチルとルーズベルトの似顔絵が描かれた一足の下駄が話題となった。「敵を足下に踏みにじるこの気概を寸時も忘れてはいけないのだ」という米英に対する敵愾心は、わずか数年前の親善活動と隔世の感を抱かせる(69)。

社会に広がる反欧米感情は、対外文化政策における変化にも表れた。一九四〇年一二月、内閣内に情報局が設置され、外務省文化事業部が閉鎖されるのに伴い、ＫＢＳの管轄も情報局に移転された。この改組のなかで、それまで欧米向けの宣伝に置かれてきた重点は、大東亜共栄圏内の文化動員の強化へと舵が切られた。ＫＢＳ内に南方文化事業委員会を設置したことに加えて、それまで文明国同士の行為とみなされていた文化協定が、一九四二年一〇月にはタイと締結される。東南アジアや南洋諸島とのネットワークのもとで、各種の文献や書籍のアジア各国語での翻訳出版が行われたほか、日本語を共栄圏内の共通語とするための普及事業など、芸術および学術の交流が、アジアで拡大された(70)。

アジアの占領地や植民地に皇軍慰問団を送ることも、新たな文化戦略のもとで行われた。宝塚に関しては、渡米組が帰国するやいなや、中国への慰問団が新たに編成・派遣された(71)。これを皮切りに、モンゴル、インドシナ、南洋へと現地舞踊の調査団が派遣され、共栄圏内の伝統を舞台上で融合する作業への取り組みが開始された(72)。こうした活動は、系列の他の芸術団をも刺激した。秦豊吉が一九三五年に創立した日本劇場専属の舞踊団、日劇ダンシング・チーム（ＮＤＴ）から四〇年に改名した東宝舞踊隊は、同年六月、朝鮮での初公演の後、さらに満州、中支、インドシナへと慰問団を派遣した。同隊はまた、四三年には、上海と南京の大劇場で約四〇日間八〇回の一般公演を行い、十余万人の中国人観客を動員した。さらに、前線を含めた皇軍慰問として、約七〇回の公演が行われた(73)。帝国臣民に見せるプログラムでは西洋的要素は排除され、演劇の内容は、観衆を日本帝国の文化的包容力のなかに誘うアジアの民族性を強調したものへと変容した。次章で見るように、この文化的帝国主義実現の中核にいたのが、植民地朝鮮文化の体現者、崔承喜《チェ・スンヒ》であった。

第二章　アジア主義の模索
――植民地文化統合と崔承喜のアメリカ公演――

はじめに

舞踊家崔承喜《チェ・スンヒ》(一九一一―六九)は、植民地時代の朝鮮人女性としては珍しく、日本と朝鮮のみならず、アメリカ、ヨーロッパ、中国、さらに南米と、世界各地で公演を行った。その国際的な活躍は、ブリュッセルの世界舞踊コンクールにおける審査員(一九三九年)という地位にまで彼女を押し上げた。第二次世界大戦までのこうした活躍にもかかわらず、戦後の北朝鮮における彼女の舞踊活動については、南北分断という特殊な状況のため長きにわたりベールに包まれ、崔は「伝説の舞姫」として語られてきた。特に韓国社会では、解放後に共産政権を選んだ「越北《ウォルブク》」文化人に関する議論自体がタブーだったこともあり、崔に関する研究にはかなりの制約が存在した。冷戦終結後になって、彼女の生涯についての関心が高まり、舞踊界に残したその業績の再評価も徐々に行われつつある(1)。

しかしながら、復刊された自叙伝、崔に関する新聞・雑誌記事、および写真資料を読み解きながら、舞踊家として自らを確立した帝国時代の原初体験にまでさかのぼって彼女を見つめ直す作業は、ようやく始まったばかりだといえる。崔に対するこうした理解状況は、数多くの書籍、テレビドラマ、ミュージカルなどの大衆媒体を通して現代の日本人にも広く親しまれている李香蘭《り・こうらん》とは対照的である。[2]
本章では、前章で見た宝塚公演と同時期に行われた崔承喜のアメリカ公演に注目し、少女歌劇団と植民地女性が国際舞台という同じ領域で競い合うこととなった背景を踏まえながら、崔が帝国日本の文化的象徴にまで上昇した過程を見ていく。

崔承喜の活動は、宝塚と同様、一九三〇年代から四〇年代における日本のアジアへの軍事的拡大とともに展開された文化外交という枠組みのなかで考える必要がある。宝塚公演がレビューやタップダ

図 4　全盛期の崔承喜(出典：高嶋雄三郎・鄭昞浩編『世紀の美人舞踊家 崔承喜』エムティ出版，1994 年，挿絵)

図 5　北朝鮮の愛国烈士陵の碑文に刻まれている人民俳優崔承喜の写真と生没年(出典：鄭昞浩『춤추는 최승희〔踊る崔承喜〕』現代美学社，2004 年，挿絵)

ンスなどの西洋的要素を日本の芸術文化に融合させることに重点を置いていたのに対して、東洋の伝統と民俗に基づいた崔の舞踊は、帝国の文化が日本列島にとどまるものではないことを示すという意味合いを持っていた。内地文化のみならず、植民地文化をも西洋に持ち込むことは、帝国日本の文化的包容力の大きさを誇示するものであり、それによって、アジアにおける日本の支配が正当化されることが期待されたのであった。

本章では、崔をめぐる知識人たちの言説を中心に考察し、帝国日本における植民地文化が、民族主義、植民地主義、帝国主義、そしてアジア主義という多様なイデオロギー的・政治的力学のなかで、どのように位置づけられていったかを明らかにする。その際、東西融合を強調した宝塚舞台と対比して、朝鮮文化が持つ日本文化との共通性ならびに独自性という相対立する両面に光をあてたい。

一九三〇年代の植民地文化ブーム

一九三〇年代の日本の人々の関心を集めた主題の一つが、帝国の中心である日本とその植民地を一体として繋げる「郷土性」であった。これに関して、宝塚欧州公演の総監督であった秦豊吉は、帰国後直ちに「日本民族舞踊の研究」プロジェクトを立ち上げている。このプロジェクトでは、琉球・八重山群島や東北地方のみならず、台湾や朝鮮などの植民地各地の舞踊、音楽、衣装についての現地調査が、日本劇場専属の東宝舞踊隊によって行われた。約三年間にわたるこの研究は、各地の郷土舞踊を新しくレビューとして上演することを目指し、『琉球レビュー』『朝鮮レビュー』、そして台湾アミ族の月見踊りが披露される『燃える大地』といった舞台となり、これらは東京宝塚劇場や日本劇場で上演された(3)。

こうしたアジアへのまなざしは、帝国の一部として植民地を受容することによって、一つの文化圏を形成しようとする日本の意図の表れであった。しかし、帝国と植民地という明らかな権力関係のなかにおいても、内地に対する植民地文化の影響は、決して小さなものではなかった。朝鮮・満州・上海・南洋などの独自文化は日本の歌謡や文学に大きな影響を与え、植民地ブームは当時の日本で一つの潮流となった(4)。こうした「外地」に対する日本人の認識は、帝国に属することになった「聖地」を直接訪れることによって、さらに深く刻みこまれた。京城(現・ソウル)、旅順、新京(現・長春)における戦跡・神社・名所には内地からの観光客が殺到し、紀元二六〇〇年記念を迎えた一九四〇年には、頂点に達した(5)。

すでに述べたように、帝国の中心部から発信される文化は、宝塚に代表されるように、西洋的なものとの混合に主眼が置かれていた。これに対して植民地文化の場合には、土着の原始性といった要素が強調された。すなわち、帝国を確立し、西洋列強に比肩する文化においていわば勝利を収めた内地とは異なり、アジアの文化は過去に属するものとしての位置づけが与えられ、劣位なものとして異国趣味的に表象されたのであった。異文化性の表現やブームは日本を優位においたうえでのアジアの承認であり、アジア芸術の近代的な表現様式は、あくまでも日本のこうした文化的階級の論理内に収められていた。

植民地文化ブームのなかの崔承喜

帝国と植民地とのあいだのこのような文化的関係を背景として現れた崔承喜は、その独特な魅力により舞台の内外で内地の文化人を惹きつけることとなった。崔の第一回の公演は、一九三四年九月二〇日、東京の日本青年会館で行われた。公演は好評を博し、その後、名古屋をはじめ、全国各地で公演が行われた(6)。公演に対する批評のなかには、崔の人気を認めつつも、内容やテクニックにおける貧弱さを指摘する意見もないわけではなかった(7)。しかし、舞踊評論家の光吉夏弥《みつよしなつや》や演出家・演劇評論家の園池公功《そのいけきんなる》をはじめとするほとんどの人は、彼女が演じた朝鮮風の舞台に好意を示した。

演目のなかでも、朝鮮民族の感情を表現したとされる『剣の踊』『僧の舞』『エヘヤ・ノアラ』は、特にこれら知識人たちの注目を集めた。一連の作品のなかで表現された「民族」的なものに対して、内地の知識人は二つの意味を見出した。一方で彼らは、植民地芸術の独特な表現のなかに内地とは異質な粋を見出した(8)。しかし同時に彼らは、太古の大陸が日本芸術の「臍《へそ》の緒とつなが」っていることも発見する(9)。文化的ルーツを共有しながら、異質性も兼ね備えた崔は、この両義的な民族性を見事に演じることができる稀な舞踊家であった。そして、このような優れた人材に対しては扉を閉ざすのではなく、積極的に受け入れることこそが日本にとっても望ましい選択であると認識された(10)。こうして崔は「和製品」「国産」となり(11)、「日本一」の舞踊家として位置づけられていく(12)。しかし同時に、このようにご都合主義的に解釈された「民族」の概念は、次節以下で見るように、崔の朝鮮人としてのア

図6 『新羅宮女の踊り』の衣装を着た崔承喜.『NIPPON』には，朝鮮を代表する人物として崔承喜がたびたび紹介され，名は「Sai Syōki」と日本語読みで表記された(出典：『NIPPON』26 (May 1941), p. 44)

イデンティティを徐々に不明確にさせることにもなる。

伝統文化を表現する舞台上の姿とは対照的に、舞台の外での崔承喜は、大衆的人気を誇るモダン・ガールとして存在感を示していた。化粧品の広告に登場するほどの美しい容姿はグラビア写真となり、からだや脚を鍛えるさまざまな「美容運動」の模範とされた。彼女の肢体は、近代日本が国民体操などによって普及を求めてきた、帝国臣民にふさわしい完璧な身体として提示された。

半島の舞姫崔承喜さんの姿体は実に完全といつてい丶、均整美をもつてゐます。これは単に舞踊による以外に彼女の日々試みる美容運動なるものの賜物なのでせう、この美容運動は普通の体操のように、号令で一つ一つ区切つてやるのでなく、なだらかに連続してスムースに姿体を動かすところに大きな特色と主張があります(13)

崔に関する話題はゴシップのようにも取り上げられた。唇を見て運命を見通すと称する占い師は、崔について、仕事に熱中する相を持っていると述べながら、「唇型はい丶が下の方が上より発達してゐてパッショネートだ、だがちよつと理性的なところもあつて性欲は持つてゐても情愛は少ないね」と、扇情的な描写で批評した(14)。こうしたマスコミへの頻繁な露出は、舞台で表現される伝統的な「朝鮮の女性」というイメージと相まって、日本の大衆の彼女への親近感を次第に深めさせることとなった。

対外的には、政府支援の文化宣伝誌『ＮＩＰＰＯＮ』がその英語版を通して、崔と彼女の健やかな肉体によって生まれ変わった朝鮮舞踊を、帝国日本の芸術として世界各地に発信した。

抑圧的な皇民化政策においては、朝鮮文化が内地文化と同等にみなされることは本質的になかったといえる。だが、崔の受容に見られるように、あらゆる「朝鮮的なもの」が帝国から排除されたわけでもなかった。植民地文化は、対列強文化外交のなかで、帝国の文化力の顕示に貢献できる素材であった。後述の崔の海外公演は、彼女に内地と植民地を架橋する役割を求めるこうした文脈のなかで推し進められたものであった。

朝鮮における評価

このように、一九三〇年代半ば以降の内地で、崔承喜の舞踊は総じて好意的な評価を得ることができた。これに対して、その時期以前も含め、朝鮮においては、その評価はより複雑であった。まず、崔の舞踊は朝鮮古来のものから引き継がれた本物ではないという批判があった。しかし他方で、これまでむしろ「隠れていた」朝鮮文化を海外に伝えたという意義を認め、アレンジされた表現であっても、民族的な自尊心の見地から許容すべきであるという考え方もあった。さらに、彼女の容姿の強調や日本での活躍については、芸術家というよりも芸能人に過ぎないという見方もあった。

渡日前はまったくダンスの経験のない少女だった崔の舞踊家としての経歴は、一九二〇年代後半の石井漠《ばく》とそのモダン・ダンスとの出会いにまでさかのぼる。欧米、特にドイツの表現主義芸術の影響を受けていた石井は、西洋的なテクニックや型をあくまで思想・感情表現のための手段と考えていた芸術家であった。宝塚が伝統文化のなかに洋楽を取り入れることに集中したのに対し、社会の不平等や貧困問題などに関心を持っていた石井は、リアリズムに基づきながら近代社会の諸問題に対する主張を提示するために、欧米の舞踊的技法を用いたのである(15)。

新舞踊の創造を目指したこのような石井の革新的な試みは、朝鮮知識人の心にも響くものであった。承喜の兄で、日本大学を卒業した新進作家の崔承一《スンイル》も、その一人であった。一九二六年、承一は、妹承喜の石井への弟子入りを請うために、京城日報社学芸部長、寺田寿夫の紹介を通じて、公演のために京城を訪れていた石井を訪ねる。旅先でいきなりそうした願いを引き受けることに慣れていなかった石井にとって、これは躊躇するところであったようだが、朝鮮総督府の機関紙を出している京城日報社の保証があったこともあり、受諾することになる(16)。

その後、石井のもとでの約三年間の修業を経て、一九二九年に朝鮮に戻った崔承喜に対する朝鮮大衆の反応は、渡日前とは対照的であった。渡日に際しては、舞踊を下賤なものと見る朝鮮社会の文化的風土から、崔承喜が芸人石井の「田舎廻りのサーカス」に売られたという噂まで立てられ、母校の淑明《スンミョン》女学校は、卒業生名簿から彼女の名前の削除まで検討したほどであった(17)。しかし帰国後、文明を身に付けた「新女性」として再登場するやいなや、朝鮮社会の関心は、崔承喜の新舞踊に対する好奇心へと大きく転換した。

一九三〇年から東京で初公演を行った三四年九月までのあいだに、承喜が演じた約四〇演目のうち、故郷をモチーフにしたものは五分の一にも満たなかった。また、この時期に彼女が半島で演じた舞踊の多くは、伝統舞踊というよりはどちらかというと、それまで朝鮮の大衆にとって馴染みのなかった西洋の踊りを紹介するものであった(18)。日本で成功をしていたわけでもなかったにもかかわらず、このモダン・ダンサーに対する朝鮮のマスコミの関心は大きなものであった。『京城日報』のみならず、民族紙の『東亜日報』や女性誌などでも、崔の帰郷後の舞踊生活についての記事や写真が掲載された(19)。

図7 モダン・ダンスを踊る崔承喜（出典：前掲『踊る崔承喜』口絵）

しかしながら、貞操意識が強い朝鮮社会では、からだの露出が多い新舞踊に対しては偏見も強く、彼女の芸術家としてのキャリア・アップは、その後困難なものになっていく。加えて、未婚であった彼女は、マスコミのスキャンダル記事の格好の材料でもあった。経済的苦境とゴシップに悩まされるなか、崔承喜は一九三一年、当時早稲田第一高等学院露文科に在籍していた安漠《アン・マク》(本名・安弼承《ピルスン》)と結婚する。(20) 結局のところ、一九三〇年代半ばまで、すなわち、自らの舞踊における基本テーマをモダン・ダンスから朝鮮舞踊へと修正する以前の崔承喜は、一人前の芸術家として認識されるには、まだ程遠かったのである。

三〇年代半ば以降の「朝鮮的なもの」への本格的な転換とその後の日本での成功が、崔を朝鮮で一躍スターダムに押し上げるきっかけとなったことに間違いはない。しかしながら、それに伴う注目は、新たな苦悩をもたらすものでもあった。日本での成功と引き換えに、崔は何よりも同胞朝鮮人からの厳しい評価にさらされることとなる。海外文学派の劇作家であり、朝鮮の雑誌『朝光』の編集人でもあった咸大勳《ハム・デフン》は、『エヘヤ・ノアラ』について、「低俗な趣味に迎合」していると批判し、宮廷から受け継がれた「優雅で静的な動き」を「厳粛で神秘的」に表現できるように、研究を深めていくべきと苦言を呈した。(21) 日本での人気如何にかかわらず、咸をはじめとする朝鮮人にとっては、朝鮮文化を再現するにあたっては、民族の真の姿をどれほど的確に表現しているかが根源的な問題であった。

このような批評に対して崔は、自分の舞踊に対する誤解は変化を好まない朝鮮の事大主義に起因すると反論した。彼女によれば、朝鮮の人々は中国芸術に対しては強い憧れを持つ反面、朝鮮半島で代々引き継がれてきた偉大な文化的な遺産は長年軽蔑してきた。それが、伝統と称しながらも朝鮮舞踊が妓生《キーセン》による宴会での出し物レベルに堕してきた要因であり、こうした実態こそが朝鮮伝統文化の大きな問題であった。確かに自らの舞踊はいまだ不完全なものであるかもしれない。しかし、こうした悪しき因襲に立ち向かうことにこそ、個性を生かした創造的な舞踊芸術活動の意義があるというのが、彼女の信念であった[22]。

民族と芸術をめぐる苦悩

従来の朝鮮文化の再編という大きな課題に挑み、批判に対しては気丈な姿勢も見せてはいたものの、創作に立ち向かう芸術家崔承喜の内面には、当然ながら葛藤も潜んでいた。一九三五年一〇月二二日、東京の日比谷公会堂での第二回公演の後、崔は、今後の舞台では朝鮮的な要素を減らすことを真剣に考慮した。その奥底には、現在の人気が必ずしも芸術的な実力に由来しているわけではないという率直な不安があった。日本統治下において、朝鮮生まれという事実は、良くも悪くも崔の舞踊をめぐる評価に常に付きまとうものであった。朝鮮民族の舞踊を代表する唯一の著名舞踊家という立場は、彼女にとって大きな負担であった。また、朝鮮人であることを利用して日本人に売り込んでいるといった評判も何としても払拭したいものであった[23]。朝鮮舞踊の再現に苦悩を続ける妹を案じた兄承一は、「純粋」の基準を論じながら、次のように問いかけている。

> 大体純粋という意味が、仮令《たとい》朝鮮踊りといったら「鳳来儀」や「項荘舞」のようなものをそのまま億千万代をおいてそのまま伝わっておりていくことを「純粋」といい、それを踊りの拍子や踊りの内容を近代的「リズム」や近代的形式に解釈し構成して表現したらそれは「非純粋」になるのか[24]。

承一は、民族の芸術は、民族性と同時に国際性を持つところに意味があると考えていた。そして、朝鮮舞踊を世界的水準にまで引き上げることは、伝統の絶え間ない再編によってのみ達成できると理解していた[25]。

朝鮮社会から与えられた苦難に耐えるとともに、日本社会と向き合うことも崔に課せられた試練であった。そのなかにあって、自国文化の感傷的な側面を引きたてるためにエロチシズムを舞踊のなかに表出させる演出は、帝国日本の近代的な芸術の基準に少しでも近づくための一つの選択であった。戦後、三島由紀夫は、戦時中に帝劇で行われた崔承喜の公演で購入したポートレートにある彼女の官能的な姿について、次のように回顧している。

それは半裸のポートレートで、仏像の踊りの写真でした。私にはなぜかその写真が非常にエロチックに思われて、彼女の半裸のからだが、わずかな宝石で飾られた布でおおわれているのを、飽かず眺めたものです。その写真はいつも机の奥深くしまってありました。〔中略〕今の全裸のストリッパーよりも、よほどエロチックな姿であったように思います[26]。

性的魅力を極めるために宝冠や宝石で身を飾り、ポスターとパンフレットを用いたそのプロモーションは、視覚的な印象を人々に焼きつけるうえで非常に有効な手段であった。

西洋で舞う東洋の表象

こうした承喜の活動を支えるうえで、その中心にいたのが、夫の安漠であった。承一とともに、カップ(KAPF：朝鮮プロレタリア芸術家同盟)の同志であった安は、自らの政治的理念を承喜の舞踊によって文化的な形へと昇華させることを期待していた。「おまえは一度思い立った舞踊芸術のためにたたかいぬかなければぼうそだ。ぼくは背後で出来るだけ応援する。他のことは忘れてしゃにむに進んでくれ」と安は妻を激励し、強力な後方支援を誓っていた[27]。

一九三八年以降、崔は海外巡業を開始する。それには安も同行していた。彼は楽器演奏もできたことから、伝統楽団の指揮者および演奏者としての役割を自ら担った。米紙はこのような安について、日本のメディアではイタリアのアルトゥーロ・トスカニーニやアメリカのポール・ホワイトマンにも例えられるほど権威のある人物として紹介した[28]。

安が同行した欧米公演は、徹底的にプロフェッショナルなショービジネスとして貫かれたものであった。二度にわたるアメリカ公演(一九三八、四〇年)では、メトロポリタン・ミュージカル・ビューローとNBCアーティスト・サービスがマネージメントを行い、ヨーロッパ公演(一九三九年)においては、パリの国際芸術機構(organisation artistique internationale)がそれを担当した[29]。海外での朝鮮文化のプロモーションは朝鮮人の民族意識を刺激するものであり、安の行動が示すように、これらの公演活動は朝鮮人たちの後援意欲を駆り立てた。ゆえに、日本政府も外交的な仲介は行うものの、財政的支援を投じる必要はそれほど大きくなかったと思われる。現地の大手興行会社との契約のもとで、公演は、ニューヨークのギルド・シアターのような十分な設備を備えた会場で行われた。また、当時の著名な朝鮮人画家のデザインによる衣装は、西洋人の目にも精巧に映るものであった(30)。

崔承喜にとって、また安漠と崔承一にとっても、「純粋」の枠から外れている、あるいは営業本位であるといった、彼女の舞踊をめぐる論争は、国際舞台での競い合いにおいてはあまり意味を持たなかった。内地と植民地の狭間におかれた彼女らにとっては、帝国が許容する文化的表現様式の制約のなかで、「進化」している朝鮮民族の姿を世界に向けて提示することこそが重要であった。しかし次に見るように、皮肉にもそれは、帝国外の観客に対して「過去」を強調し、異国性を見せることによってのみ、実現されるものでもあった。

一九三七年一二月、崔承喜はサンフランシスコに向かう。このスターの海外デビュー・イベントについて朝鮮と内地のマスコミは、渡米前から熱心に取り上げていた。朝鮮総督府の英字新聞『ソウル・プレス』は、京城駐在のアメリカ総領事ゲイロード・マーシュ(O. Gaylord Marsh)からの祝辞を引用しながら、崔の渡米公演が日本とアメリカの長年の友情を深めることに役立つものだと洋行を支持する記事を掲載した(31)。また『東京朝日新聞』は、崔承喜へのインタビューを写真とともに大きく紹介し、アメリカでの演目についての彼女の言葉を引用した。

朝鮮舞踊を二十余種と西洋のものを三つばかり持つて行くつもりです。日本舞踊のうちでも郷土

舞踊の素朴なものならば演《や》れさうに思はれますのでこれも場合によつては二つ三つ演らうかと考へてゐます。(32)

このように日本側の盛り上がりは大きかったものの、アメリカの側では朝鮮舞踊についての理解はもとより、そもそもアジアに関する知識は全く心もとないレベルであった。実際、教育を受けた評論家でさえ、帝国日本と植民地朝鮮との基本的な区別もつかないほどであった。たとえば、崔承喜を東京出身の日本人舞踊家と紹介していた解説者がいたのみならず(33)、ほとんどの解説では日本と朝鮮の文化が混同されていた。崔承喜の名前に対して「Choi Seung Heui」という朝鮮語の発音を併記していたのは朝鮮総督府の『ソウル・プレス』くらいで、米紙ではきまって「Sai Shoki」という日本語読みで記載されていた。「朝鮮人舞踊家サイ・ショウキ」が「朝鮮キモノ」〔傍点引用者〕をまとい、その演技によって、これまでの「名高い桜」の芸術にさらなるタッチを加えるといった類の紹介に至っては、崔承喜の朝鮮人としてのアイデンティティの輪郭はほとんど失われていた(34)。

アメリカ人からすれば、崔の出身地が朝鮮であるか否かは、その芸術的評価を判断するうえではさほど重要ではなかったのであろう。それよりも、彼女に対する好印象の多くは、そのエキゾチックで東洋的な雰囲気、また、控えめの振る舞い方が醸し出す魅力によるものであった。『菩薩の舞』（Bodhisattva）は、まさしくそうした彼らの願望を満たす作品であった。「きらびやかな王冠ときらめく華々しい紐で装った〔中略〕崔承喜は、この〔仏教――引用者注〕信仰の静的な理想を、姿勢を変えること

図 8　崔承喜による『菩薩の舞』(出典：前掲『踊る崔承喜』口絵)

なく、手と腕のシンプルながらも表情豊かな動作によって、無言の振る舞いで表していた」と、この演目には大きな注目が集まった[35]。

実のところ、『菩薩の舞』を朝鮮に想を得た舞踊とするにはいくぶんかの疑問がある。ハワイ大学の舞踊研究者ジュディ・ヴァン・ザイル(Judy Van Zile)が指摘しているように、『菩薩の舞』は、アメリカの舞踊家ルース・セントデニスが一九二〇年代半ばの日本公演でも見せた作品『Kuan Yin』に類似していた。つまり、崔承喜による公演は、朝鮮のオリジナリティに基づいていたというよりも、セントデニスによって表現された東洋的趣味を焼き直したものであった可能性が高い[36]。さらに、この作品に特徴的な女体の露出は、朝鮮伝統の型からは逸脱していた。崔承喜の生涯を描いた記録映画に登場する証言者によれば、崔の衣装は透き通っていたため、多くの演目においてからだが露出しており、またそれほど大胆でない場合でも、からだの上を流れるような軽やかな衣装が多かったという[37]。

西洋人が見つめる東洋に対して、セクシュアリティに傾いた崔承喜の舞踊は、視覚的には強いインパクトを与えるものであった。しかし、こうした要素の強調は、かえってその芸術的限界を露呈するものでもあった。評論家ジョン・マーチンは、第一章で引用した彼の論評からもわかるように、翌年の宝塚渡米公演と同様、崔の舞踊にも「正統で伝統的な素材の再現」を求めていた。マーチンは、崔の一九三八年のニューヨーク公演について、同年の前シーズンの公演と比べ、民族音楽のピアノによる編曲をやめ、民族楽器の演奏録音を使用するなど、印象はかなり魅力的になったと評価した。しかしながら、全体としては修飾的な表現がしっかりまとまっておらず、きわめて弱々しいと批評していた(38)。

崔の演技に対する若干の指摘は見られたものの、アメリカで受けたまずまずの評価は、日系メディアにより大きく増幅されることとなった。サンフランシスコの日系紙『新世界朝日新聞』(*The New World-Sun Daily*)は、いち早く崔の船上インタビューを行ったが、彼女こそが、もはや廃れていた朝鮮舞踊を世界に知らしめる唯一の人物であるとして、その真摯な挑戦を伝えた(39)。日本国内の新聞も、たとえば『東京朝日新聞』は「其のユーモアに満ちた優雅な演技とエキゾチックな衣裳とは満場の喝采を博した〔。〕殊に得意の朝鮮舞踊「半島の放浪者」「アリラン物語」及び「田舎娘と汽車」は好評だつた」と朝鮮舞踊の高評価を報じた(40)。

これに対して、国際舞台での朝鮮舞踊の成功は、朝鮮においては複雑に受け止められた。カップの一員で、朝鮮の代表的な文人であった韓雪野《ハン・ソリャ》は、崔の公演を観たあとの失望について、「まるで外国人が朝鮮服を着て朝鮮人を真似する」かのごときであったと述べた。それは朝鮮人に対してではなく、外国人に認められようとするものであり、「外人は朝鮮を深く知らない分、真似を真に」受け取り、また自分たち文明人とかけ離れた未開の外貌と服装に対して「軽蔑的な異色趣味と異国情調」を感じ取ることもあろうと酷評した(41)。朝鮮人にとっては、朝鮮文化が海外で認められるにとどまらず、公演で表現された民族の真実が彼らに共感できるものであることも等しく重要であったことは理解に難くない。

一九三八年に行われた最初のアメリカ公演では表面的な評価は得られたものの、崔承喜が帝国の文化的成果として十分に認められたとは概して言いがたい。アメリカや朝鮮の批評家たちの評価は、上述のように、必ずしも高評価ばかりではなかった。それらの批判を乗り越えるためには、次の公演で東洋的要素がさらに強調されることが崔側にとって必要であった。

ヨーロッパ公演後にそのまま渡米し再び行われた一九四〇年の第二回アメリカ公演ではより高い評価が見られたが、その理由の一つは、ヨーロッパの諸都市で得た好評がアメリカ人の評価にも繫がったことによると考えられる。フランスの『ル・マタン』(*Le Matin*)紙など、ヨーロッパ各紙の論評では、東洋的でありながらもまたヨーロッパの情趣も備わっているとして、崔の舞踊に対する好意的な印象が少なからず語られた(42)。当時ベルギーで考古学を研究していた金載元《キム・ジェウォン》は、ブリュッセル駐在の日本大使館員やベルギー在留の民間日本人のみならず、ブリュッセルの上流社交界の人々も交えて行われた崔の公演の様子を伝えている。彼によれば公演は、これまで当地では「未知であった崔氏としては断然大成功」であり、満員の会場のなかで「一番感激をもって観た人は誰よりも私であろう」と感慨に浸るほど、在外朝鮮人の自負心を掻き立てる成果であった(43)。

しかし、アメリカでの評価が高まったより本質的な理由として、崔承喜自身が、東洋芸術の美とその文化性の表現に関して演技の中身をはるかに洗練させていたことは、特記しておくべきである。日系紙のインタビューにおいて、この二年のあいだに自らの演目構成を「徹底的にオリエンタルなトーン」に改めたことを崔は明かしている。[44] アメリカの評論家は、前回より確実に向上した構成力を評価し、その「無欠点のテクニック」は、崔承喜を「著名な芸術家」として認めさせるに足るものだとした。[45] 彼らが発見した演出の完成度の高さは、アジア的なテーマの増加に伴ってさらにその輪郭が明確になった東西の相違に由来するものであり、それは両文明の文化的な「コントラストから悦び」をアメリカ人に感じ取らせるに十分な域に達するものであった。[46]

このコントラストは、アフリカ系アメリカ人ダンサーのジョセフィン・ベーカーが一九二〇年代後半にパリジャンを魅了したのと類似のものであったともいえる。一九二五年、『ラ・ルヴュ・ネーグル』(La Revue Nègre)の舞台でベーカーのダンスは、当時のパリの大衆にとっては経験したことのない衝撃を与えた。フランスの作家たちは、ベーカーをヘビや熱帯鳥のような動物的なものとして描写し、論評には「本能」「エキゾチック」「原始的」そして「野生的」といった言葉が散りばめられていた。[47] パリの観客は、ベーカーの「野生の舞踊」(danse sauvage)と文明ヨーロッパとのコントラストから生まれる激しさに惹きつけられたのと同様に、欧州公演で崔が表現したオリエントとオクシデントの対照に惹きつけられたのであった。

この対照性において、ベーカーが「野生」を強調したとするならば、崔の場合、それはより静かで優雅な表現にあった。「観客に対する彼女の静かな支配」は、「制御された踊り」とともに魅惑的な輝きを放ち、こうした能力を発揮できる彼女は、「真に才能のある神の娘」とまで持ち上げられた(48)。演出の内容と表現におけるこうした異国趣向を以前よりも強調することによって、崔は「〔ウディー・〕シャンカーと梅蘭芳《メイ・ランファン》以来、東洋から出た最も達者な舞踊家の一人」とまで呼ばれる地位をアメリカにおいて得るに至る(49)。

しかしながら、崔承喜の海外公演は、単に異国への好奇心を持つ欧米人のためだけの演技にとどまらなかった。それは同時に、日本帝国内の観客に向かってのアピールでもあった。日系紙は、崔承喜の国際舞台での活躍を「在留同胞の温かい愛情に包まれて〔中略〕華々しく行はれた」と、その様子を伝えている(50)。この「同胞」という言葉は、崔承喜はもはや半島の一人ではなく、内地と朝鮮を文化的に接合させる日本帝国における東洋の象徴であることを示していた。

帰朝公演とアジア主義

一九四〇年一二月、崔承喜は欧米公演を終えて帰朝する。西洋人のアジアに対する知識不足とそれにも引きずられた異国趣味的な作品解釈ではあったが、その経験は、大東亜共栄圏を代表する帝国文化人としての崔承喜を認めさせた。西洋人が『菩薩の舞』などの東洋的な舞踊にいかに喝采を送ったかを述べつつ、帰国後の崔は、日本の芸術を世界へ広げるためには欧米の真似を早く捨て去り、東洋的なものの発展に邁進すべきと唱えていく。また、朝鮮の若い女性へのメッセージとして、郷土舞踊を通じて、新しく「日本的乃至東洋的」な舞踊を作り出すことの大切さを力説した。「まったく同じあるいは繋ぎ合っている文化的母体から生まれ、次第に発展したであろう、日本踊り、琉球踊り、朝鮮踊り、さらには蒙古や支那踊りから、将来偉大な東洋踊りが生まれてくる」と述べるに至り[51]、崔は、日本帝国の版図において、内地と朝鮮、そして他のアジアとの文化区分を越えた存在となったともいえよう。

崔承喜によって明確に表現されたアジア主義は、内地では大いに歓迎された。思想家・芸術評論家の近藤孝太郎は、一九四一年発表の崔の新作について、『読売新聞』の批評のなかで、「洋行後はっきりと東洋的意識の下に朝鮮楽器と舞踊を意識的に取り入れ」たと語り、特に『神前の舞』と『七夕』は、その衣装において「和洋朝鮮を渾然一体」にしていると、その東洋風舞踊の成功を高く評価した[52]。

外地においても崔は、朝鮮を越えた、より広い東洋を表現した。大陸での激戦のなか、外国から舞踊団が中国を訪問することが難しくなったが、一九四三年に満州、南京、上海などで慰問および一般公演を行った崔は、現地で大歓迎を受けた。チケットは売り切れ、汪兆銘政府の要人たちも鑑賞に訪れた。『華京日報』をはじめ中国の各紙も、崔承喜を「東洋の生んだ世界的舞踊家」「黄色人種の誇り」などと激賞し、崔と数回にわたり面談を行った京劇俳優の梅蘭芳も、「東洋芸術の復興と創造」のためにともに向かっていきたいと語った[53]。

しかし、帝国を表象する崔承喜の役割は、敗戦とともに終わりを迎える。解放後の崔承喜は、安漠に従い北朝鮮に渡る。その後の二人は、金日成政権のもとで政治・文化両分野で要職を務める。一九六〇年代末に粛清されるまでの崔承喜の芸術的演出が「主体思想《チュチェ》」とどのように関係していたかについては興味深いところであるが、今後の課題としたい。

本章は、内地と植民地、そして西洋のそれぞれの文化的解釈によって作り出された崔承喜の舞踊活動の変容を、帝国時代という文脈から読み解いた。宗主国と植民地という非対称の権力関係のもとであっても、両者は影響し合い、そこには互いの妥協と緊張の関係が存在した。崔承喜の芸術を、内地では帝国の包容力がもたらす文化的豊かさとして、朝鮮では民族的自尊心の回復として、各々が自らの産物として解釈した。欧米公演を媒介として、内地と朝鮮の思惑はかくして「アジア主義」へと一致する。

しかし帝国の文化力は、本章で見たようにもはや西洋に誇示するだけのものではなかった。その文化力は、アジアの臣民の模範となるはずの日本国民自らが修得すべきものでもあった。次章では、内地の隅々まで浸透する「正しい国民文化」をめぐる文化実践を見ていく。

第三章　「正しい」国民文化
――戦争動員と東宝移動文化隊――

はじめに

前章までにみた宝塚や崔承喜の舞台は、新舞踊を鑑賞できるだけの金銭的余裕と一定の教養を備えた、主に都会の観客たちの欲望を満たすものであった。興行的価値を重視したこれら商業芸術の海外公演の様子を振り返るなかで明らかになったのは、それらが帝国文化という名目で西洋に示したものは必ずしも厳密な伝統的美ではなかったということであった。本章では、ここまで考察してきた対外文化宣伝から戦時期の日本国内の活動に視点を移す。なかでも、一部の階層や都市のみならず、戦時期にふさわしい国民のあり方を求めて全国的に展開された移動演劇運動という文化事業を見ていきたい。

日中戦争の勃発後、日本政府はアジアに対してのみならず、国内でも総動員に向けた改革政策を本格化した。一九三八年に第一次近衛文麿内閣が掲げた「新体制」運動は、経済領域をはじめ、政治と社会・文化に至るまで国家統制の勢いを広げた。そして四〇年七月に第二次近衛内閣が発足してからは、新体制運動推進のための政治組織である大政翼賛会を結成することで、ドイツのナチスやイタリアのファシスト党のような、強い政治体制の構築を試みた。

戦時期の文化政策を理解するに際しては、思想統制や検閲といった権力側の行為に対する分析が不可欠であることはいうまでもないが、それと同時に、権力に対する社会側の反応という視点も重要である。たとえば古川隆久は、そうした問題意識から、当時の文化状況を眺めている。古川が描く戦時期の社会は抑圧された陰鬱な社会像とは程遠いものであり、大衆がいかに恋愛物の映画、スター、喜劇などに夢中になっていたかが生き生きと紹介されている(1)。もっとも、国民が「国策映画」を観ていたかどうかさえ疑問視する古川の見方は、当時の人々に加えられた政治社会的制約をいくぶん軽視しすぎているようにも思われる。

これに対して本章では、より複眼的な視点を用いる。すなわち、社会的対立の緩和や労働効率向上を目指した国家側の意図と同時に、大衆の文化的嗜好や鑑賞能力、さらに興行業界の事情といった社会側の実情も念頭に置きながら移動演劇運動を考察していく。その運動の展開においては、興行企業や文化人の行政への積極的起用と、彼らへの人的・物的負担の要求という、いわば間接的統制が行われた。政府は強力な指導力を発揮するよりは、民間との都合よい関係を通して、都会の消費文化から遠く離れた農山漁村の住民までも含めた広範な人々を国が用意した魅力的な演劇空間へと誘い、戦争動員に効果的に活かそうとした。運動に関わった官僚、文化指導者、大手興行会社、そして国民が、それぞれどのような意図をもって移動演劇運動に参加したかを検討することで、戦時期の文化経験を抑圧と享楽という両面から理解することが、本章の目的である。

官民協同による新体制成立と文化活動

一九二九年に起こった世界恐慌は、労使関係の緊張、そして中央・地方間の経済的格差の拡大など、当時の日本社会にも深刻な影響をもたらした。社会不安解消と労働環境改善のための積極的な方策の必要性が、経済学者や社会評論家によってさかんに唱えられたのもこの時期であった。たとえば、経済学者の大河内一男は、休養の社会的意義を論じた論稿において、経営の切迫したさまざまな企業が、「躍進日本」「貿易伸張」のスローガンを唱えるばかりで、労働者への福祉に対する配慮に欠けていることを指摘した。劣悪な職場環境での過酷な労働は、労働者の健康悪化を招くとともに、生産の非効率とその質の低下をもたらしていた。戦争が迫りつつあるなか、労働者に日々働く意欲を与え続けることは、生産活動の持続にとってはいっそう重要なこととなっていた。この点において文化政策も、当時の社会政策の重要な柱の一つとして考慮されなければならないものであった。(2)

映画、文学、音楽、演劇などといった文化領域に対しては、それまでほとんどの場合、取り締まりのみに関心を示していた政府がその方針を転換したのは、この頃であった。大政翼賛会企画局長の小畑忠良《ただよし》は、芝居を含む文化組織の都市集中や興行による私益追求といったそれまでの状況について、その問題点を指摘した。地方の農民や山奥の坑夫にまで広く文化生活が享受され、文化活動が新体制にふさわしい国民的なものとして機能するようになるべきだと小畑は主張した。(3)

こうした状況のなか、工場や鉱山では、ブラスバンドや合唱団などの職場音楽団の活動が突如として活発となっていった。一九三九年の「工場鉱山音楽調査」によると、回答した一六二の工場や鉱山（満州・朝鮮などを含む）のうち、一〇五カ所が合計一六五の音楽団を有していたが、このうち一五八までが三〇年以降に設立されたものであり、さらにそのうちの九四は一九三七―三九年の設立だった[4]。その後、四一年には、情報局を主要な支援主体として、作曲家、演奏家、評論家などを中心とした日本音楽文化協会（音文）が発足する。大手新聞社からの後援もあり、音文は、室内楽や歌劇に関する講座や演奏会を活発に開催していく。四二年一〇月からは、地方を回る巡回演奏会を展開し、邦楽のみならず、それまで特権階級のものであった西洋クラシック音楽を、勤労者やその家族に無料で提供することも試みた[5]。

同様の活動は、演劇においても推進された。一九四〇年五月、協調会[6]は、その産業福利部内に勤労者演劇研究会を設立し、脚本の読み方や演出の仕方、舞台装置の設営方法に至るまでの指導を人々に行った[7]。素人による演劇は、工場や会社の労働者だけではなく、農山漁村、学校、軍隊などあらゆる集団生活の場で広く奨励された。専門家たちは、アマチュアにもわかりやすく演劇用語を解説し、演技の作法や上演素材の選び方、公演開催にあたっての諸手続きなどを具体的に指導した。こうして、演劇を自ら演じ、また仲間たちと鑑賞することは、日常における余暇利用の最も健全な方法とされた[8]。

このような国民演劇の奨励は、すべての「勤労戦士」のための芸術を提供するという新体制のレトリックが一九世紀末からの進歩的大衆劇の理想とも符合しうることを示していた。明治・大正期を通して小説家・劇作家の坪内逍遥らが展開した新劇運動は公共劇・野外劇・児童劇を提唱し、演劇による大衆の教化を掲げていた。それは、地域格差、貧困、労働問題、社会主義の伸張など、近代化の抱える問題に対して、芸術が正面から向き合おうとする取り組みであった。これら大正期までに育まれた啓蒙的文芸運動という理念にある程度共鳴してきた演劇人たちは、戦時下という新しい状況で、演劇と国家のあいだの新たな関係を作り上げる機能を果たしていく。それは、国民の「和衷協同」の精神を育成し、演劇運動が担いうる公的な役割を明確にする活動であった(9)。いいかえれば、戦時という危機において国は、戦間期の演劇に見られた個人主義と自由主義を是正し、国家への奉仕を国民が行うための媒体として芸術を再編する構想を演劇人たちに求めたが、その実践は単に国家からの強制という一方的な関係ばかりではなかったということである。このことは、たとえば一九四〇年の新協劇団の解散に見られたような政府による左翼弾圧のみで当時の演劇政策を解釈することが、一面的であることを意味している。

国家主導の限界と民間資本

国民に広く文化を普及させるための方策として、日本の文化政策担当者が特に参考にしたのは、ナチス・ドイツであった。一九三三年にドイツ労働戦線全国指導官ローベルト・ライのもとで構想された「歓びによる力」(KdF : Kraft durch Freude)は、スポーツ、旅行、慰安娯楽、社会教育事業、労働美化をそれぞれ担当する部局のもとで展開された国民厚生運動であった。イタリアにおいても労働後の余暇を利用した同様のドッポラヴォーロ事業が存在したが、省庁や企業間の運営における協調性が欠けているとの判断から、日本の関係者はこちらに対してはドイツほどの魅力を感じることはなかった。[10]

ドイツでは、一九三四年に国家演劇法(Reichstheatergesetz)が公布され、演劇分野に関して同年五八五〇万マルクもの政府支出が行われた。[11] 公共劇場の一九三四—三五年度収支では六〇%以上が赤字だったが、その損失は国家支援の補助金によって補塡された。[12] 劇場の多くが国営もしくは市営であったドイツでは、このような国家政策によって国民は低廉な料金で娯楽を享受することが可能だった。また、宝塚のベルリン公演でも使用された国民劇場を含めたＫｄＦ直営の劇場はもちろんのこと、一般の劇場でも、通常は三—二五マルクのオペラ入場料が、ＫｄＦ会員ならば七五ペニヒから四マルクだった。強力な国家統制と支援のもとで、ＫｄＦによる催し物とその参加者は年々増加をたどり、国家が求める国民文化活動は次第に拡大した。[13]

こうしたドイツの文化政策の影響は、たとえばドイツ語の「Gemeinnutz geht vor Eigennutz」と「Volksgemeinschaft」がそれぞれ「先公後私」と「民族協同体」という日本語に置き換えられ宣伝されるなかで、日本にも広く浸透していった。そこには社会的対立と階級闘争が存在しない理想的な社会という道徳価値が提示された。[14] しかしそれにもかかわらず、日本においては、ドイツ同様の演劇法の制定が実現することはなかった。法制化の挫折については、演劇法案の提出を準備していた文部省社会教育局長の田中重之と、同局成人教育課長・映画課長の小田成就の人事異動がまず理由に挙げられる[15]。だが、より根本的な要因としては、演劇事業を含めた大政翼賛会活動全般における補助金確保の困難という事情があった。保守派の国体擁護連合会や鳩山グループは、近衛の指導下で推進される大政翼賛会という新たな組織に対して、それが「一国一党」的ともいえる強い政治性を持つものだとして非難を行った。大政翼賛会の影響力拡大に対する反対派の危惧は、同組織は「コミンテルンのテーゼ」に基づいており帝国憲法に違反するという攻撃にまで至った。大政翼賛会の予算をめぐる議会での論争は激しく展開し、最終的には八〇〇万円で落着となったものの、当初想定されていた一九四一年度予算三七〇〇万円は危うく三〇〇万円にまで減額されるところであった[16]。

首尾よく文化支援のための法律が制定された他の芸術分野においても、ドイツとは異なり、国家的統制が十分に実現されたとはいいがたかった。たとえば映画の場合、一九三九年一〇月に映画法が施行されたが、それが映画産業の改革にどれほどの影響を与えたかは疑問であった。衆議院における法案審議に際して内務大臣木戸幸一は、映画の製作・配給・上映などに関する同法案の概要を説明し、映画政策による国民文化向上への期待を述べた。しかし、この趣旨に対して、同会議に出席していた鶴見祐輔は、法案の中身は、既存の取り締まりと大した相違のないような消極的なものであることを指摘した[17]。実際、国営の映画会社や学校の設立、さらに映画製作に対する補助金などについての具体的なガイドラインが提示されないままでは、政府による統制を実現することは、現実的には困難であった。

こうした国家統制のもろさを補ったのが、民間資本と各芸術分野専門家の積極的な起用であった。

演劇に関しては、全国隅々にまで劇団を派遣した移動演劇活動が、なかでも主要な役割を担うこととなった。それまで興行会社は、新体制のなかで高まっていた、既存の興行制度に対する政府からの批判への対応を迫られる日々であった。各社は入場料を値下げするなどして対処していたが、それに伴い収入も減少していた。経営側は、そうした事態に対処すべく公演回数を削減したが、こうした悪循環は、有名俳優を除く多くの俳優たちの生計を困窮させていった[18]。

このような状況下での移動劇団への政府からの協力要請は、興行会社にとっては、新たなビジネスの開拓に繋がるものとして受け止められた。興行側の利益にも適うように映る移動劇団の結成に対しては「営利興行会社の国策便乗として構成された」もの、またその俳優は「金にならない点で〔中略〕重役連や幹部俳優の鼻つまみものに相違ない」と蔑視する論評も広く見られた。しかし、経営側は、余剰俳優のいわば人員整理と演劇普及という一見すると相矛盾する目的を、国策協力の移動劇団という媒体を通じて実現しうることに対して、当然のこととして積極的に参画していくこととなる[19]。

日本移動演劇連盟と「正しい」国民文化

興行会社のなかで最も早く移動演劇活動に従事し始めたのが、東京宝塚劇場であった。そして、その実働組織となったのが東宝移動文化隊であった。公益優先という建前を前面に出し、東宝は、農山漁村の人々と工場・鉱山の労働者に対して娯楽を提供するとともに、国民厚生のための文化促進運動の一翼を担うことをアピールした。東宝移動文化隊(隊長、松原英治)は、一九四〇年一〇月の日比谷公会堂での初演を皮切りに、四一年一月には長野県で最初の農村公演を行う。その後は、日本列島各地を巡回しながら、貯蓄奨励、食糧・石炭の増産鼓舞、災害地慰問を展開した[20]。

また関西においては、宝塚少女歌劇団が一九四〇年に宝塚唱舞奉仕隊を編成し、これまでの劇団名も宝塚歌劇団に変更したが、唱舞奉仕隊(のちに宝塚歌劇移動隊)は、グリコ、松下電器、鐘紡などの工場を訪れ慰問公演を行った。一連の活動のなかには、都市の劇場でなければなかなか観ることができないようなスターが出演するものもあった。その様子は、産業報国歌、国民進軍歌、建国音頭といった歌と踊りを各地の労働者とともに楽しむ光景として、各紙で報じられた[21]。

図9　東宝移動文化隊による地方公演の様子
(出典:『東宝十年史』東京宝塚劇場,1943年,挿図)

これらの積極的な展開にもかかわらず、興行会社の活動は、新体制運動が期待していた国民文化形成に十分に寄与しているとは、政府関係者にはあまりみなされていなかった。たとえば、演劇評論家でありながら情報局にも加わっていた千賀彰は、公共的な文化事業を商業劇団に任せること自体に限界があると考えていた。営利を求める興行劇団にとって公務がその究極の目的となることは一般的にはないといえるが、千賀もこうした観点から、利益を生まない限りは移動演劇活動の継続は厳しいと考えていた。彼によれば、配給組織の統一、演目構成の決定、財政的支援にまで至るすべての過程が、本来、国家の統括のもとで指導されるべきものであった(22)。

このような主張が高まるなかで、一九四一年六月、移動演劇の組織運営が再編成される。ここに、作家・演出家の岸田国士《くにお》を委員長、舞台美術家の伊藤熹朔《きさく》を事務局長とする日本移動演劇連盟(以下、連盟)が誕生する。その委員・審議員・参与は、四二年五月時点において、以下の組織・団体からの推薦によって構成されていた。

情報局、大政翼賛会、各官庁(陸軍省、海軍省、厚生省、鉄道省、逓信省、文部省、農林省、軍事保護院)、大日本産業報国会、産業組合中央会、大日本青少年団、日本放送協会、興行会社および加盟劇団(松竹、東宝、吉本、籠寅、新興、宝塚、瑞穂劇団)、文化団体(日本演劇協会、文芸家協会、芸能文化連盟、農山魚村文化協会、大日本俳優協会など)、東京日日新聞社、大阪毎日新聞社

強固な官民協同を実現した連盟は、主催側の諸団体と供給側の劇団とのあいだを取りまとめながら、公演依頼から開催に至る手順を指導する役割を担った。こうして連盟は、文化の需要と配分の調整における大きな権威を保持することとなった(23)。

営利が主たる目的とされなかった戦時期の移動演劇活動は、たとえば利潤を求める旅回り劇団とはそもそも区別される。しかし当時の移動演劇活動の顕著な特徴は、その理念にあった。昭和研究会

（近衛文麿のシンクタンク）の三木清らの推薦で大政翼賛会の文化部長（一九四〇年一〇月から四二年七月まで）を務め、戦時期を通して幅広く文化政策に携わった岸田国士は、娯楽振興による生活文化の改善を政治的な観点から解釈していた。[24]「美も亦力なり」という言葉は、地方における文化運動に対する岸田の理念を適切に表すものであった。[25] 岸田は、日本人の「品位」について語り、それを保つことが国家の威信に繋がり、また優れた文化の形成が東亜の諸民族を指導する立場にある日本にとっては欠かせないと主張していた。[26] 移動演劇活動の理念には、こうした国民文化の確立という目標がその根幹にあった。いいかえればそこには、労働者・青年・農家の意欲と能率の向上や生産力の増大といった実用的な目的以上のものが意図されていた。

国民文化の形成に向けて第一に求められたのは、演劇という共同作業を統率できる指導力であった。ナチス・ドイツの「指導者原理」（Führerprinzip）[27]が日本の国民演劇のなかにも導入された。大政翼賛会の文化部に所属していた演劇評論家の遠藤慎吾が力説したように、公演の総指揮を担う演出者には、舞台だけでなく俳優の行儀作法や人格にまで広範な指導を行う役割が求められた。演出者自らが「日本国民として正しく」振る舞うことのできる教育者となることで、統率される側の出演者もまた所定の規律に忠実に従うことになるのであり、さらにそのことによって国民道徳自体も向上させることができるとされた。[28]

舞台外の行動にさほど制約がない旅回り芸人とは異なり、移動演劇の俳優に対しては日常生活においても節度ある振る舞いが求められた。模範となる国民文化の普及を使命とすることから、連盟は、

図10　団体錬成を行う隊員たち(出典：日本移動演劇連盟『移動演劇図誌』芸術学院出版部，1943年，挿図)

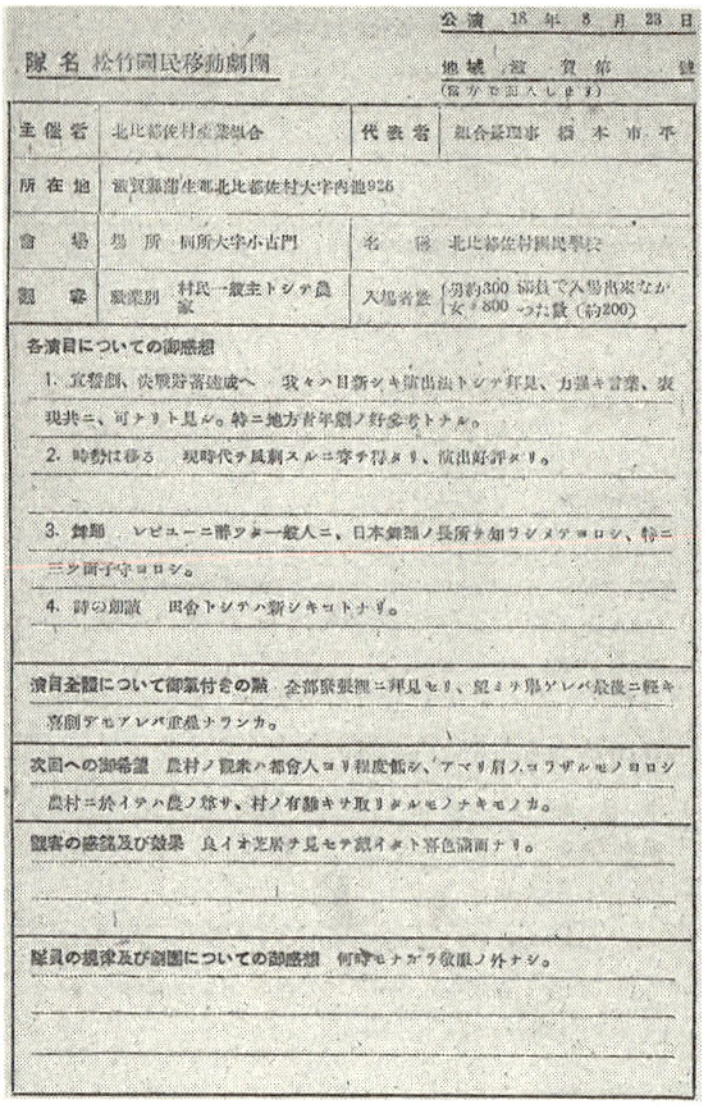

公演　18年　8月　23日

隊名　松竹國民移動劇團

地域　滋賀第　班
(係で記入します)

主催者	北比都佐村產業組合	代表者	組合長理事　橋本市平
所在地	滋賀縣蒲生郡北比都佐村大字内池926		
會場	場所　同所大字小古門	名稱	北比都佐村國民學校
觀客	職業別　村民一般主トシテ農家	入場者數	男約300　女〃800　係員で入場出來なかった數(約200)

各演目についての御感想

1. 宣傳劇、決戰貯蓄達成へ　我々ハ目新シキ演出法トシテ拜見、力強キ言葉、表現共ニ、可ナリト見ル。特ニ地方青年劇ノ好參考トナル。

2. 時勢は移る　現時代ヲ風刺スルニ妙ヲ得タリ、演出好評タリ。

3. 舞踊　レビューニ酔ッタ一般人ニ、日本舞踊ノ長所ヲ知ラシメテヨロシ、特ニ三ツ面子守ヨロシ。

4. 詩の朗讀　田舎トシテハ新シキコトナリ。

演目全體について御氣付きの點　全部緊張裡ニ拜見セリ、望ミヲ擧グレバ最後ニ軽キ喜劇デモアレバ重疊ナランカ。

次回への御希望　農村ノ觀衆ハ都會人ヨリ程度低シ、アマリ肩ノコラザルモノヨロシ　農村ニ於イテハ農ノ尊サ、村ノ有難キヲ取リタルモノナキモノカ。

觀客の感銘及び效果　良イ芝居ヲ見セテ戴イタト喜色滿面ナリ。

隊員の規律及び劇團についての御感想　何時モナガラ敬服ノ外ナシ。

◀図11　滋賀県蒲生郡北比都佐村産業組合主催で行われた松竹国民移動劇団公演についての一報告(出典：同上，73頁)

その訓練のための講習会や錬成会を積極的に開催した。隊員たちは、一日のなかで、国旗掲揚、皇居遥拝、国民体操といった一連の集団儀式を整然と行い、「起居寝食」におけるすべての作業を各自に割り当てられた当番に従い行った。さらには、食前食後の挨拶「いただきます」「御馳走様」や神社の前での敬礼といった日常的な行為にまで改めて注意が払われた(29)。

待避訓練や軍事教練にも繋がるこうした団体文化の体得は、俳優のみならず観客にも求められた。各公演が終わると連盟事務局は現地からの報告調査表を回収したが、その一覧を見ると、どの劇団がいつどの地域を訪れたかなどの概略を知ることができる。そこには、演目だけでなく隊員の規律に関する主催者側の感想や、観客の人数と職業、観劇の様子、観客の動員および入場方法、入場券配布における町内会や隣組の取り組みまでが記載されていた。[30] また、帰京した隊員たちは、現地の衛生・インフラ状態や公衆秩序、隊員への態度などを土産話として語っていた。[31] これらの記録は、移動演劇が、都会から地方への一方的な文化的な教化というだけではなく、総動員のなかで中央に容易には伝わってこない地方の現況把握という貴重な役割も担った活動であったことを示している。

連盟の指導のもとで、移動演劇運動は日本全国に展開された。連盟創立後、二年半のあいだに、移動行程(六一万二二〇〇キロメートル)、公演回数(三五〇〇回)、動員観客数(四四九万八〇〇〇人)のいずれにおいても大きな成果が見られた。各興行会社の活動は、きわめて活発であった。一九四一年六月から四三年八月までの劇団別公演回数は、松竹国民移動劇団一班三〇四回、松竹国民移動劇団二班一二六回、松竹関西移動劇団三一八回、東宝移動文化隊三三二回、宝塚歌劇移動隊四六三回、吉本移動演劇隊三一〇回、吉本関西移動演劇隊七五回であった。その数字は、大雑把に見れば、毎日どこかで移動劇団による公演が行われていたことを示している。[32] 後半期の一九四四年には、四五八万人の年間観客を動員するなど、移動演劇の勢いはその絶頂を記録した。[33]

図12　地元の人々と隊員たちとの交歓のひととき(出典：前掲『移動演劇図誌』挿図)

脱営利主義を掲げた新体制構想における文化統制は元来、全国津々浦々の勤労国民にまで中央の文化を公平に提供することを目指し、そのために娯楽制度を興行者の手から切り離し、国家管理のもとに置くことをその趣旨としていた。しかしその目的は皮肉にも、興行会社からの支援なしに実現することはできなかった。国家の使者として国民に奉仕するという使命を前面に掲げた連盟指導下の移動演劇活動は、興行会社を媒介にして全国の隅々から観客を動員した。島根県大東町の女子青年団員から届いた感想文には、大東亜の標準語である美しい東京の言葉に接したときの感激や、それまで見たことのなかった舞台を出雲の人々にまで紹介し、健全な歌と踊りを一緒に学べる喜びを与えてくれた劇団員たちへの謝辞が綴られている(34)。しかし、こうした一見したところの成功の背後には、次に見るように、移動演劇活動の構造的な限界も内在していたことを忘れてはならない。

移動演劇運動の実情

移動演劇の拡大は、何よりもまず、俳優の重労働に依存していた。多くの移動演劇俳優は無名であったため、運営会社側は従業員の福祉には無関心であった。劇団は厳しい日程で全国を巡回したが、同じ場所を何度も訪れることは事実上困難であったため、ある地域を訪れると、その周辺地域にも数日間滞在し、何回かの公演を行うというスケジュールが一般的であった。劇団の構成も通常は十数名という小規模なものであったため、俳優は薄給であったにもかかわらず、舞台への出演以外に、舞台の設置、照明、音響の仕事まで担当した。さらに終演後には自ら片づけを行い、次の移動先に向かうための荷造りをするなど、さまざまな雑務に従事した。しばしば遭遇する悪天候のなかで、壊れやすい備品を抱えながら、三等列車に乗り、さらにトラックや徒歩によって移動し、施設が十分でない地方で上演するという環境は、移動文化活動を実に体力の要する労働としていた(35)。

当時の町村数は一万二千余であったので、年一回の観劇機会を全国民に与えるためには、一隊ごとに年間公演回数二〇〇回という計算で、少なくとも六〇班の移動隊が必要であった。さらに工場や鉱山での公演まで含めると、より多くの劇団数が必要とされた。これに対して、連盟加入のいくつかの興行劇団のほかに、連盟専属の移動劇団は「くろがね隊」のみで、のちに「あづさ隊」と「ほがらか隊」が追加されたに過ぎなかった。ほかに前進座や文学座、市川猿之助一座など臨時に参加する劇団もあったが、連盟に専属あるいは加入している劇団は、一九四三年四月末時点で東京、大阪合わせてわずか一〇班あまりであった(36)。

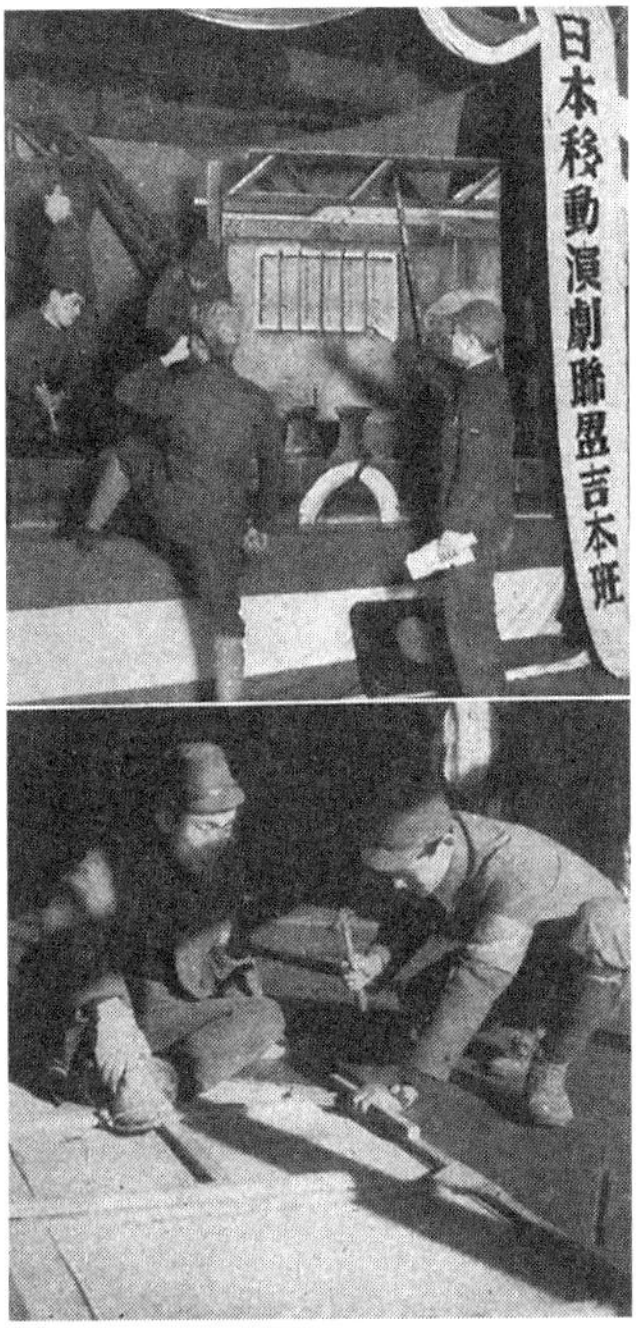

図 13　舞台設置を行う隊員たち（出典：前掲『移動演劇図誌』挿図）

このような実態のなかで「時局認識」と「職域奉公」を隊員たちにひたすら強調して過剰な負担を強要することには、おのずと限界があった。情報局内部からも移動隊員の福祉改善を求める声が次第に大きくなった。

隊員のほとんどは東京に家庭と仕事の基盤を持っており、なかには大劇場でそれなりの人気を得ていた者もいた[37]。過重な負担にさらされている隊員とその家族に対する配慮から、健康保険や養老年金の保障が求められることもあった[38]。

瑞穂劇団（所属・農山漁村文化協会）の団員として移動演劇活動に参加していた永井智雄は、一九四三年から同僚たちと一緒に書いていた日記を戦後に公開したが、そこには移動演劇活動が直面したさまざまな苦難が語られている。連盟は芝居の質よりも公演回数を重視し、お辞儀やお行儀の形式的な規律にこだわったため、俳優は肉体・精神ともに疲れ果て、演技を向上させようとする意欲すら失っていた。日記は、こうした状況に対する鬱憤を晴らす数少ないはけ口であった[39]。当時、舞台照明家の大庭三郎が述べたように「簡素の中の美しさ」を披露することが日本文化の特長であり、条件が「困苦欠乏」であるほど日本人はその能力を極めることができるとするならば、大がかりな仕掛けを用意しない移動演劇は、皮肉なことに、その特長を示す格好の場であった。十分な福祉が提供されることはついぞなく、健全な国民文化を築き上げる役割を担わされた隊員たちの疲労困憊は日ごとに大きくなる一方であった。

過酷な労働環境にもかかわらず、移動演劇は、観客の趣向と妥協することによって、その公演回数と動員観客数をともに急増させた。連盟は、団体規律に対する厳しさとは裏腹に、演目構成や内容に関しては柔軟であった。具体的には、堅苦しく戦意高揚を語り続けるのではなく、漫才や軽演芸など、観客に親しまれるものを奨励していた[41]。各劇団も演目選定において自らが得意とするジャンルや表現技能を使いながら、主催者側の目的に応じた内容の舞台を披露した。一九四二年四月、大政翼賛会主催で全国一斉に開催された「大東亜戦争完遂、翼賛選挙運動貫徹、移動演劇の夕」において、東北地方に派遣された東宝移動文化隊は、多幕劇『大東亜築く力だ この一票』を上演した。これは、漫才や歌などを取り入れた一〇景のバラエティ形式の舞台で、翼賛選挙の意義を国民に違和感なく伝える意図を持っていた。日常生活をトピックにした演目のなかに笑いを交じえることは、政治に対する拒否感を緩和するための重要なやり方でもあった(42)。

国策宣伝における娯楽的要素の効果を認めつつも、政策担当者や文化人のあいだでは、慰安中心の演目に対する懸念も少なくなかった。演劇評論家の園池公功《きんなる》は、東宝移動文化隊の神奈川県下の数カ所の公演を観劇した批評のなかで、移動演劇の需要と供給双方の問題点について指摘している。園池によれば、腹話術や魔術の類が見せ物として好評であったことは地方の人々がどれほど文化環境に恵まれていないかを示す証しであり、それゆえ彼らを楽しませることの重要性自体は理解できるものであった。しかし、農村共同体の連帯強化や増産促進など、目下求められている案件について十分なメッセージが舞台で伝えられていないことは、彼の目には大きな問題として映った。また、観客側の観劇態度の悪さは看過できない課題であった。東京に近い地域であったためか、日劇の美男俳優、荻野幸彦の登場に気づいた女工たちは悲しい場面にもかかわらず歓声を上げたという。このように公演内容に集中しない無秩序や醜態は、ほかの公演でもしばしば目撃された(43)。

しかし、国益に繫がる「正しい」日本文化を形成するのが目的だとはいえ、その内容に対する当局の基準は必ずしも明確ではなかった。たとえば、園池が批判したのと同じ東宝移動文化隊の神奈川県巡回を視察した情報局情報官の菅原太郎は、荻野のタップダンスに注目したが、「タップ」を「律動運動」といいかえ、タップの拍子音を「汽車の進行、進軍太鼓、馳ける馬の蹄」といった音響効果として捉え、それが戦意高揚に効果を上げているとの認識から、園池とは異なり、全体的に健全な娯楽であったとの判断を下している(44)。西欧的要素もその使い方次第で生産的なものに転換できるというのが、菅原の見解であった。しかしまた、演劇評論家、大山功《いさお》の論評のように、有名俳優の参加がなく「下級俳優」で構成された移動劇団に対しては演技力の低さが指摘され、退廃的な都市文化の地方への流入という懸念が語られることもあった(45)。

いずれにしても、上述のような過重な負担を背負わされた移動演劇俳優に対して、上演内容にまで踏み込み、国民文化形成の模範となることを強いようとした演劇指導部の認識は、現実とは少なからず乖離したものであった。いくぶんリアリティが欠如した認識のなかにいた官僚や文化人といった指導者層が、厳しい実情に直面していた移動演劇の根本的な問題に対して、真っ向から向き合うことは決してなかった。

移動演劇活動を営む劇団の財政は、結果的には著しく逼迫した。たとえば、東宝移動文化隊は長野県での巡回公演において八二〇円の経費を支出したが、公演収益は四〇〇円にとどまり、四二〇円の赤字が生じた。また、神奈川県での活動のように利益が得られた場合でも、それらは総じて小額に過ぎなかった(46)。地方で生じた赤字は、東京で行われる移動演劇特別公演で得られる一―四円程度の入場料による収入などでの補塡が期待されていた。[47]

このような無理を積み重ねる国民文化の普及活動において、連盟はその統括力においても限界を露呈し始めた。公演にかかる経費は、主催団体、連盟、劇団で分担することになっており、①公演費、会場費、食事宿泊費は主催者側、②旅費、荷物運搬費は連盟側(ただし、鉄道駅から会場までの移動費は主催者側)、③舞台用諸経費、劇団人件費は劇団側で負担することとされていた。そして、三者がこれらを負担することで、観客からは入場料を徴収しないというのが原則であった。[48] しかしながら、そうした連盟の指導は地方には徹底されず、違反するケースも散見された。たとえば、移動劇団を招聘しながらも、資力不足を理由に入場料を徴収させたり、観客動員のノウハウがわからず興行師に委託する主催者が発覚したりすることもあった。また、公演後に主催者側が、粗末な宿に泊まる隊員らの面倒を見てあげるどころか、飲み屋でのどんちゃん騒ぎに夢中になっていることもあった。[49]

このように、移動演劇運動がその実態において矛盾や問題を抱えていたことは、否定しがたいことであった。東亜の指導者にふさわしい立派な日本文化を創ることを建前とした移動演劇の中身は、実際にはそのスローガンほどには高尚なものとはなりえなかった。国民文化の形成においては、営利主義の抑制が強く求められたものの、そのための文化運動とは、大手興行会社の主体的な参与があって初めて実現可能なものであった。とはいえ、官民協同の移動演劇連盟は、興行会社から提供される劇団を地方に派遣することで、地方の孤立した人々に文化を享受する機会を与えると同時に、地方の置かれた状況を中央当局に知らせるという役割も果たした。模範とされたナチスの強い国家主導の施策からは程遠いものではあったが、日本の文化政策はその代わりとして、大衆文化の生産者ならびにその享受者の関心に合わせてさまざまに方策を補いながら、国民を総動員に導いたのであった。

戦時期にふさわしい「正しい」日本文化は、本章で見たような国家と社会の深い関係を保ちながら、敗戦後には次章以降で見るように、新たな文脈のなかでその内容を刷新していく。

第四章　占領期の文化葛藤
――「アメリカ」、ナショナリズム、イデオロギー――

はじめに

終戦直後に発足した東久邇宮稔彦《ひがしくにのみやなるひこ》内閣は、国家再建に向かう新生日本の指針として「文化」を前面に押し出した。同内閣の前田多門《たもん》文相は「日本の往く道はただ一つ。武力を持たぬかはりに、文化で行く」と宣言し(1)、その理念はメディアを通じて全国に広められた。当時の『朝日新聞』は、その社説において、日本は再び戦争を起こすことなく、文化に生きるべきだと力説した(2)。日本主義とアジア主義の宣布という政治的機能を担った戦時期の文化は、平和国家建設という新たな目標を前にして、その役割を大きく転換することになる。

占領期における敗戦国日本の変革にあたっては、GHQの権威はあらゆる点で絶対的なものとして受け止められた。このことは江藤淳をして後に、占領期の統制と検閲を「閉された言語空間(3)」と批判させたほどであったが、占領軍と日本との関係は、実際にはそれほど単純なものではなかった。たとえば、占領軍の民間検閲支隊（CCD：Civil Censorship Detachment）と民間情報教育局（CIE：Civil Information and Education Section)とは各々別の役割を担っており、日本政府と社会に対する統制のあり方も同じではなかった。両部局はともに日本の民主化という占領の基本的な目的は共有していたものの、その実行にあたり、CCDは主として諜報機関としての検閲を行ったのに対して、CIEは映画などの文化領域に関わる日本の官僚・専門家・組織に協力を求めながら、日本国民一般の教育という緩やかな指導を実践したのであった[4]。

また、アメリカへの服従とその文化の受容が当時の基本的な実情であったことは否定できないものの、日本側にとっても、親米的であることのみが唯一の価値であったわけではなかった。文部省を中心とした行政当局は、戦後直ちにさまざまな文化振興策を再び推進し始めるが、その政策は、悲惨な敗戦状況からの復興を目指すために、日本文化に対する自尊心を国民に喚起することを目的としていた。いいかえると、文化力の回復を目指す戦後の日本政府においては、占領軍との協力による親米的価値の創造と同時に、アメリカに向き合うナショナリスティックな価値を創造するという挑戦も併存していたのであった。

加えて、占領期日本では、イデオロギーの対立が、文化的領域においても鮮明になっていた。左翼知識人と労働者は、政府と大手興行会社主導の文化行政を批判し、新生日本が追求すべき理想は労働階級の解放にこそあると主張し、労働組合を基盤とした独自の文化運動を展開した。

このように、アメリカニズム対ナショナリズム、左派対右派という二つの軸が当時の文化を語るうえでの基本構造であった。しかし、そこには、これらを貫通する一本の糸も存在した。すなわち、総動員から戦後復興へと国家の目標が全面的に変化した時代においても、情報局や大政翼賛会のもとで遂行された文化運動の手法をはじめ、数多くの戦前・戦中との連続性が、そこには現れていたのである。保守・革新の両勢力は、戦争への反省をともに述べながらも、どちらも過去の遺産を受け継いでいたのだ。

本章では、占領軍と日本の政府・社会とのあいだの支配・被支配の関係、および日本社会内部における保守と革新の対立を分析し、戦後日本の文化再編において「正しい」文化が再構築されていく過程で見られた諸勢力の葛藤を明らかにする。

憧れのアメリカ

わずか数カ月前までは太平洋戦争の主たる敵であったアメリカに対する日本国民の意識は、占領軍への恐怖とは裏腹に、憧れへとたちまち変容した。『日米会話手帳』は、一九四五年九月の刊行後、約三カ月で総部数三六〇万部ものベストセラーとなった。ＮＨＫは、四六年二月にラジオ番組「英語会話」の放送を開始した。また、アメリカの大衆誌『リーダーズ・ダイジェスト』は、発行部数を急増させた。『朝日新聞』が連載した漫画『ブロンディ』は、アメリカ中産階級のライフスタイルを描いた作品であったが、その内容のみならず英語学習教材としても大いに人気を博した(5)。

アメリカ文化の急激な流入に最も直接的な影響を被ることとなった集団の一つが、興行家たちであった。占領軍に接収された東京宝塚劇場は、四六年二月、進駐軍関係者の娯楽のための専用劇場とし

図 14　アーニー・パイル劇場（出典：『東宝三十年史』東宝株式会社，1963 年，175 頁）

て再開された。その際、第二次世界大戦で戦死したアメリカ人従軍記者アーニー・パイルを記念して、「アーニー・パイル劇場」と改称された。(6)

アメリカ陸軍第八軍の特別保安局（SSO）の管理下に置かれたこの劇場では、新設された芸能部のもと、新しい観客向けの娯楽プログラムが着々と拡充されていった。(7) ハリウッド映画やアメリカ本国からの慰問団によるショーが進駐軍に無料で日々提供されたが、こうした慰問活動にあたって日本の大衆劇関係者は非常に熱心に協力した。アーニー・パイル劇場の製作監督に就任した舞踊家の伊藤道郎《みちお》は、ショーの企画から演出に至るすべての過程を指揮した。彼の弟で、前章で述べた日本移動演劇連盟の指導役であった伊藤熹朔も美術監督として同劇場に加わった。道郎の戦前におけるアメリカでの演出家・振付師としての経歴は、占領軍との協力関係を築き上げるうえで有利であったと推測される。演技や表現力のテクニック向上に奮闘した道郎は、専属舞踊団を新たに編成し、バレエ、コーラス、ダンスの猛訓練を行ったほか、アーニー・パイル劇場にとどまらず、日本各地の米軍駐留地への慰問団派遣を試みた。(8)

こうした状況の変化は、関西においても同様であった。一九四六年四月に再開した宝塚大劇場は『春の踊り』を進駐軍の前で上演したが、そこにはアメリカ人将兵に向けた演出上の工夫がさまざまに凝らされていた。英語での舞台挨拶を指導していた進駐軍関西新聞検閲局のウィリアム・ハイム少尉は、宝塚が提供した舞台が堅苦しい古典歌舞伎ではなく、愉快に楽しめる軽演劇であったことを評価した。アメリカ人に馴染み深いヒット曲を多数取り入れ、ニューヨークの舞台を模倣してラインダンスなどの振付やフィナーレの演出を行ったことは、そのような工夫の一環であった[9]。

アメリカ人に喜ばれる舞台を作り上げることへの日本側の熱意は、西洋文化圏における最大の祝祭であるクリスマスを絶好の興行シーズンに活用しようとする計画に示された。早くも敗戦の年の年末には、マッカーサー夫人をはじめ進駐軍関係者のための慰問公演が多数催された。吾妻徳穂《とくほ》や花柳寿美《すみ》といった伝統舞踊家のみならず、ビクターから派遣された音楽バンドなどの「一流芸能人」による舞台は、戦時中の移動演劇ではもちろんのこと、戦前においてもなかなか観られなかった豪華なものであった[10]。宝塚歌劇団もまた『南の哀愁』『モン・パリ』など、同劇団のヒット作を集成したショー『Adieu 1947』を披露し、フィナーレには、ジングルベルやホワイト・クリスマスなどのクリスマス・ソングが日本語版の歌詞を付けて歌われた[11]。

図 15　『春の踊り』の一場面，中央は乙羽信子（出典：『宝塚歌劇の 70 年』宝塚歌劇団，1984 年，67 頁）

　このような日米親交の新たな経験は、戦時期の反米の記憶を忘却させるには十分であった。小林一三は、宝塚少女歌劇団によるかつての対欧米宣伝を回顧しながら、財政的損失も覚悟のうえで渡航を敢行したと誇らしげに振り返った。西欧芸術を日本に導入し、また日本文化を海外に紹介する国際文化交流の中心的役割を果たしてきた同劇団の創設以来の歴史は、平和を目指す戦後日本の文化的使命の象徴として、改めて思い出されるべきものであった(12)。戦時期の渡米公演の経験は、占領という文脈のなかで、戦前から続く親米への一貫した努力として、再解釈されていった。これらの過去の活動を想起する作業は、渡米公演一〇周年を迎えた一九四九年の記念行事となり、その様子は同年の『歌劇』の誌面を華々しく飾った(13)。

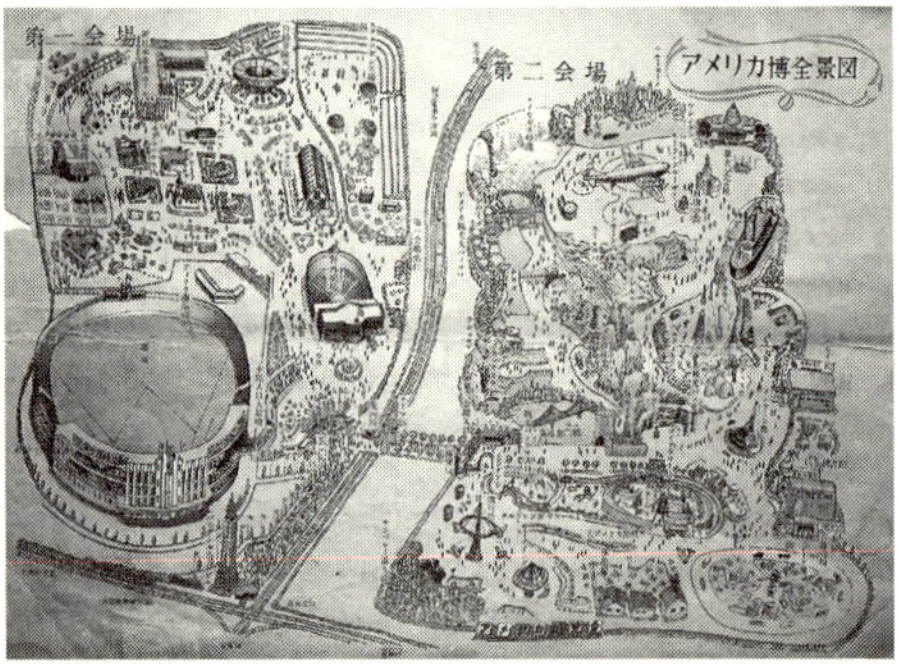

図16　アメリカ博覧会全景図(出典：西宮市ホームページ)

アメリカともっと親密になりたいという願望は、朝日新聞社が主催し、主要官庁や占領軍などの支援によって盛大に開催された一九五〇年の「アメリカ博覧会」で頂点に達した。この会場では、アメリカの歴史や観光名所、またテレビや自動車といった最新技術が展示された。宝塚歌劇団が博覧会向けに再構成したグランド・ショー『春のおどり――スヰング・ラプソデイ』では、アメリカに対する日本人のますます強くなっていく憧憬が、「自由の女神」をはじめとする劇中歌のなかで見事に謳われていた。

美し都　おゝニユーヨーク
世界の都　おゝニユーヨーク
たゝへよ　おゝ　ＵＳＡ
自由の国よ
平和と博愛をかゝげ立つ女神よ
来たれ　おゝ　ＵＳＡ
楽しき愛の国
世界の人のみるあこがるゝ
アメリカ(14)

芸術祭と復興

国家の再建過程において、アメリカは羨望の対象ではあったが、その強烈な存在は同時に、それまで日本が育んできた伝統や、新たに近代に作り出された多彩な文化に対する脅威でもあった。敗戦による虚脱感が日本全体に漂うなか、社会に精神的活力を取り戻すためには、突如外部から移植されたアメリカニズムだけでなく、国民を内側から鼓舞する強力な文化的装置が必要だったのだろう。

食糧危機と比較すれば文化振興などは急務ではないといった一般的な考えとは異なり、政府当局者は文化活動の停滞を国難克服にあたっての大きな不安材料とみなしていた。就任後に行われたインタビューで安倍能成《よししげ》文相は、歌舞伎や能などの古典劇の保存のほか、国立の劇場・音楽堂を設立し、国家の責任のもとで芸術活動を運営していきたいと抱負を語った。また、それまで保護を与えられていなかった優秀な芸術家を支援するために、年金制度や国家賞の創設を検討する方針も明らかにした(15)。こうして、戦時期には十分に実現できなかった文化に対する国家の関与が、この時期改めて開始される。

戦後行政の第一歩として、一九四五年一二月、文部省は社会教育局内に芸術課を設置し、そこに文化政策の中心的任務を担わせる。同省では、美術展の地方巡回、演劇・音楽の指導者講習会の開催、資料の作成と配布など、文化事業を全国に普及させるためのさまざまな活動が企画された(16)。なかでも一九四六年から現在に至るまで、秋に開催される芸術祭(一九六八年からは文化庁主催)は、敗戦国となった日本ではあっても精神的には滅びておらず、文化国として再建に立ち向かう潜在力を持っていることを国民同士が確かめ合うための事業であった。初代芸術課長、今日出海《こんひでみ》は当時の心境について、「日本は戦争には敗れたが、文化までアメリカさんに負けたのではない。日本には外国の及ばない立派な文化の伝統のあることを自他ともに認識させたかった(17)」と回顧している。舞楽、能楽、人形浄瑠璃、歌舞伎といった伝統劇をはじめ、近代劇、歌劇、舞踊、音楽に至るあらゆる芸術が競演する場を開くことで、国民の自尊心を取り戻していくことができるという期待がそこにはあった。

こうした大衆向けの行事が専門家だけでなく、国民に広く共有されるためには、積極的な財政支援が何よりも必要であった。しかし大蔵省は、経済以外の分野の活動に資金提供することについて、かつてと同じく乗気ではなかった。今芸術課長は大蔵省主税局長の池田勇人に何度か掛け合い、国民が低廉に観劇を楽しめるよう、芸術祭の入場料を免税にすることを求めたものの、それが叶うことはなかった(18)。映画・演劇の入場税が地方財源の一割を占めるほど重要な歳入源となっていた当時においては、その縮小はきわめて困難であった(19)。

結局、インフレにあえいでいた国民に高率の入場税を強いることは、芸術祭を人々の手の届かない「高嶺の花」にさせることとなった。その一方で、経営難に陥っていた劇団のなかには、参加そのものに躊躇するものもあった。それぞれの劇団が無理なく出演できるように、芸術祭の運営は再考されるべきであった(20)。文化事業を通じて国民の精神的回復を図るという政府の建前とその実践とのあいだの乖離について、東宝のある役員は、不満を吐露している。

> 私の云いたいのは入場税の引下げと料金のワクの徹廃《ママ》の問題がこれほどまでに叫けばれ、またその必要をほとんどの国民大衆が支持しているにかかわらず、口先ばかりで文化国家の建設の念仏に自己満足して日本の文化が第六流に転落する過程に背をむけている政治の貧困さである(21)。

芸術振興を力説しながらも、貧しい予算配分に象徴される政治・行政の投資不足の実態は、新たに船出した戦後日本においても変わらなかった。しかし、そうした事態に対する行政側の釈明は、戦時期の文化統制に対する「反省」として語られた。すなわち、戦時期の反省を踏まえ、文化事業の中身に政府は介入せず、それぞれの専門領域に任せることが戦後の新たな行政を貫く方針であるというのが、その論理であった。しかし、国家の役割はあくまで側面支援にとどまるという「内容不関与の原則」[22]は、文化享受機会の拡大という課題を解決することはなく、むしろ大手興行会社にさえ負担を感じさせるものとなった。

第一回芸術祭において東宝と松竹は、それぞれ帝国劇場と東京劇場という両社の施設を九、一〇月の二カ月間提供するなどして、当局に協力した。しかし、松竹の方は芸術祭への参加は名前のみで、実際にはそれまでの自社主催の興行様式を変えることはなかった。これに対して東宝は、芸術祭の最も強力な支援者として積極性を示した。これには、芸術課長の今日出海が過去に映画製作に携わったことをきっかけに――彼は崔承喜《チェ・スンヒ》主演の映画『半島の舞姫』(新興キネマ製作、一九三六年)の監督という経歴を持つ――東宝との関係ができたという個人的な事情がいくぶん作用していたと思われる。しかしその東宝においても、やがて事態は行き詰まる。多彩なジャンルから成る国家的行事を政府からの支援もなく一劇場が担うことにはもともと無理が予想されたが、後述するように、東宝で発生したゼネストが、この祭典を瞬く間に困難に直面させることとなった。帝国劇場での芸術祭の催しは一〇月半ばで中止となり、一一月には東宝系の劇場での興行も休演となってしまう[23]。

演劇評論家の遠藤慎吾は、その後も継続された芸術祭の問題点について、政府が立ち上げた行事に伝統劇も新劇も何の抵抗もなく参加を望み、わずかな賞金しか出ない国家からの賞に喜んで飛びついた結果であると語っている。そして、芸術家たちの「官尊コンプレックス」をうまく操り、少ない予算で大きな効果を引き出すことができた政府から見れば大きな成功であると冷やかに論じた。遠藤によれば、国民のための文化行政の実現を本当に勝ち取るためには、政府に対する批判を堂々と行い、「人民」自らが国家権力に対する劣等感を克服し自立する以外に、その手段はなかった(24)。アメリカと自国文化への眼差しが交差するなか、占領期日本の文化再健は、左翼運動の高揚とともにさらに複層化していくことになる。

図 17　東宝撮影所前の大争議(出典：前掲『東宝三十年史』188 頁)

左翼運動と文化活動

東宝の労働組合は、一九四六年から五〇年にかけて何度も争議を行ったが、いわゆる東宝争議は「アカ字とアカの追放」を掲げた経営側が東宝撮影所組合員を多数解雇した四八年の第三次争議で頂点に達する。東宝争議を主導した日本映画演劇労働組合(日映演)は、四六年四月に組織された全日本産業別労働組合会議(産別会議)に加入しており、企業間の区分を越えて労働者の生活権保障と雇用条件向上を掲げて争議を展開した。占領後の改革で組合活動は早い段階から許可され、労働争議は各地で勢いを見せていたが、東宝危機の勃発は社会に大きな影響を与えた。四八年の東宝争議の際にはアメリカ第八軍と警視庁予備隊が出動し、「来なかったのは軍艦だけ」といわれたほどの混乱となった。こうした東宝争議を支援するために「日本文化を守る会」が労働者、芸術家、知識人らによって四八年に結成された(25)。

資本家による労働者の搾取を糾弾する労組の強い姿勢に対して、小林一三は嫌悪を示した。敗戦後の慰問活動や芸術祭への協力などを含め、戦前から今日に至るまで、経営側は社会からの要請に十分応えてきたという認識が、小林にはあったと思われる(26)。また、東宝の渡辺銕蔵《てつぞう》社長と馬淵威雄《たけお》副社長は、現下労働組合の極端に左翼的なイデオロギー闘争が経営者たちを窮地に追い込み、その対応による消耗が結局は日本の経済回復を阻害してきたと批判した。自社の日映演に対しても、会社側と現実的かつ平和的な交渉を行うことができる組合のみ、労働者としての権利も保障されると主張した(27)。これに対して、日映演の伊藤武郎委員長は、経営側が労組との交渉にあたって、会社の方針に順応する「御用組合」(たとえば全国映画演劇労働組合など)をたくさん立てたことは、労組を分裂させ、日映演をはじめとする従業員の首切りを行おうとする策略であると反発した(28)。

占領軍と警察の包囲によって東宝争議自体は終結したが、この時期、東宝に限らず労働者のあいだでは、組合活動を文化的闘争としても展開すべきだとする主張が活発であった。上述の「日本文化を守る会」という名称が示すように、東宝争議は賃上げや待遇改善を要求する労働運動以上の意味を持っていた。左翼運動が求めた文化国家とは、アメリカ資本主義と封建的日本文化をともに否定したものであり、企業経営および国家再建において、労働者を中核とした国家社会であった。当時、労働争議と密接に展開された文化運動のサークル活動は、その理想を成し遂げるための媒体であった。工場、職場、学校などで、演劇、音楽、美術、文学、映画を鑑賞し、またそれらを制作するサークルが、戦争という雨の後の筍のように全国に広まった。

サークル活動の主眼は、さまざまな文化作品を階級意識に基づいて鑑賞し、「良心的」な作品を見分ける眼を育てることにあった。全国映画サークル東海地方協議会が一九五〇年の優秀映画選を行った際、会員たちのハリウッド映画に対する評価は、イタリアやソ連の映画に比べ低かった。彼らによれば、アメリカ映画が描くヒューマニズムは「うすっぺらで、馬鹿らしく、偽善」に満ちたものであった。作品は、働く者に対して階級的な描写に優れているか否かを基準として評価されるべきだというのが彼らの意見であった。サークルの参加者たちはまた、鑑賞者としてだけでなく、より能動的に文化活動に関わっていった。会員に対するカンパの呼びかけや左翼的監督への資金提供のみならず、脚本の検討、街頭宣伝、観客動員、批評の投稿に至るまで、さまざまなプロセスに彼らは参加した(29)。

サークル活動は、戦後に新しく登場したものではない。「サークル」という言葉は、評論家の蔵原《くらはら》惟人《これひと》が一九三一年にナップ（NAPF：全日本無産者芸術連盟）の機関誌に紹介した用語で、大衆のなかに革命思想を広めるために行われる前衛的文化運動の小単位を指していた(30)。大衆に階級意識を吹き込もうとするこの政治的活動は、戦時期の翼賛体制下では、国家と企業の統制の枠内に抑え込まれ、労働者のための文化活動は、前章で言及した素人劇の運動という形で行われた。それが戦後になり、労働組合に根づいたより自立的なサークル活動としてよみがえったのである。

サークル活動を取りまとめる組織として、演劇をはじめ、音楽、美術、文学など分野ごとに協議会が戦後結成されていく。一九四六年一一月には、渋谷公会堂において、東京自立劇団協議会（東自協）の結成大会が開かれ、その後、数々の講習会やコンクールが開催された。東自協に続いて全国の主要都市でも自立劇団協議会が次々に結成された。これらの活動は、戦時期の「翼賛芸能」に対する階級的批判という観点から推進された。政府、企業、大手新聞社などが構築した戦時下の産業報国会体制で行われていた素人演劇では、労働者が革命的自覚を醸成することは許されなかったのに対して、戦後の自立演劇では労組運動の方向性に沿う演劇活動が提唱された(31)。

労働者自身が演じ、書き、歌うことを標榜したサークル運動では、働く者の自立が目指されていたものの、その実践においては、専門演劇人からの支援も受けていた。そこではいうまでもなく、左翼文化人の影響が顕著であった。土方与志《よし》は共産党が設立した芸術学校で校長を務め、また村山知義、八田元夫らがそこで教師として生徒を指導したが、彼らの活動領域は学校にとどまらなかった。一九四六年には土方を中心として新演劇人協会が設立され、自立劇団の手助けを総括する役割を担った。また、専門の新劇人たちは各地の工場などに出向き、サークルを指導し、コンクールに審査員として立ち会うなど、労働運動と表裏一体の演劇活動を展開した(32)。演劇人たちは数々の指導書を通して、労働者が演劇活動のなかで同志愛を深め、階級意識を徹底させ、やがて民主主義革命を達成することを説いた。自立演劇は専門家と労組の協同作業であったが、そこでは自己犠牲、協力、忍耐を養うことが強調されており、(33) 戦時期との連続性を読み取ることができる。

　戦後の文化運動は、翼賛体制の構造と人脈もその基盤としていた。政財界の中心的人物たちが敗戦後早々に活動を再開したのと同様に、戦時期の移動演劇運動に関わった文化人たちもまもなく活動を再開した。大政翼賛会文化部長を務めた岸田国士は、疎開していた長野県下伊那で青年団や婦人会に講演を行い、当地での文化団体や演劇研究会などの発足に関わった。(34) また、愛知県稲沢市に疎開していた東宝移動文化隊の松原英治は、地域の工場労働者に対して職場演劇の指導を行った。松原は一九四六年に愛知工場芸能会を結成し、秦豊吉、坪内士行《しこう》、今日出海などの専門家による発表会の審査や講演の機会を設けるなど、活動を次第に拡大していった。(35)

　日本移動演劇連盟は日本移動芸能連盟と名を改め、活動を再開した。土方与志と伊藤道郎がそれぞれ顧問と理事として参画し、移動演劇連盟の事務局長を務めた伊藤熹朔も新しい連盟の理事に就任した。活動目標を敗戦からの復興と定め直した連盟は、専属のはやぶさ隊による宣誓劇『石炭増産』を上演し、復興のための社会基盤確立に向けて、国民の協力を力強く訴えた。これは、土方とともに新演劇人協会の中心メンバーとして加わり、道郎・熹朔の実の弟でもあった千田是也が演出を務めた作品であった。石炭の増産は、敗戦後もそれ以前と同じく緊急を要する課題であった。戦時期には大政翼賛会に従った連盟は、今度は占領軍の指示を受けて増産運動を遂行した。また、前章にも登場したくろがね、あづさ、吉本などの劇団も、食糧供出促進や戦災者慰問、インフレ防止のための貯蓄増進を目指した復興活動に加わった。演劇、軽音楽、そして漫才を演じる俳優や歌手を乗せたトラックが、こうして焦土の街を再び走り回る日々となった[36]。

戦中と戦後のこのような連続性に着目するならば、戦時期文化総動員の責任をもっぱら国家と企業のみに帰することはできない。戦争協力から左翼運動へと、多くの文化人がとった、状況に対して無節操にも見える行動は、戦前・戦中と戦後に一貫するいわば一つのスタンス——演劇の社会的貢献に努める——によっていくらでも方向が転換できるのであった。国民が一日も早く日常生活に復帰し、再建に向けて生産力を高めていくことを目指した演劇人の戦後の活動は、芸術祭などの文化振興を通じて同様の目標を目指した政府の意図とも相反しないものであった。戦時期に大政翼賛会文化部に所属し、積極的に演劇運動に関与していた遠藤慎吾は、戦後は芸術祭の演劇部門審査委員を務めた。前節で触れた芸術祭についての論評のなかで、彼は、国家に対する批判はつまるところ自己批判に戻ってくるという自らが抱えるジレンマを素直に述べている[37]。

占領の終結から高度成長期へ

敗戦直後の日本の文化的方向性をめぐる葛藤は、冷戦における日本の国際政治上の選択によって決着する。ソ連と共産党支配下の中国からの軍事的・思想的脅威は、日米協調のもとでの安定を図ることを最優先の課題とした。一九四七年二月一日のゼネスト中止命令、五〇年のレッドパージなどの反共路線を経て、日本社会の主流は、経済回復、労使協調、そして駐留米軍に支えられた安全保障へと移行していく。

再建に向かう奮闘のなかで次第に現れ始めた経済的成果は、日本の文化力に対する自信を再び呼び戻すことになる。戦後日本が内外に示した国の新たな姿は、武力を持たない平和国家であった。その文化的表現は、戦後の宝塚の舞台にも反映される。レビュー『花の風土記』のフィナーレは、平和の美しさの称賛だった。

ラララ　ラララララ　春風吹けば
桜にすみれに　菜の花盛り
今日は花見に　明日草摘みに
貴方とアベック　ブギウギ　ラララ
日本よい国　住みよい所
四季こもごもの　花の咲く国
ノーモア・ヒロシマ　焼跡からも
平和の花が　咲きほこる(38)

占領が終わるころには、その自信は一段と顕著なものとなっていた。宝塚の代表的演出家、白井鉄造との対談で伊藤道郎が発した言葉は、アジアの指導民族たる日本の文化力を提唱した帝国時代の思考を思わせるような誇りに満ち溢れていた。

東洋なら日本丈《だけ》が綜合芸術として舞台をとり扱っているのですから、〔中略〕東洋の代表的な位置に立つことも出来るのです。〔中略〕日本文化は古い東洋文化の流れなのですからそれを近代化するのが日本人の役目なのですね。これは日本人でないと出来ません。(39)

一九五五年四月、東京宝塚劇場は、かつて占領軍によって改名されたアーニー・パイル劇場から元の名を取り戻す。(40) 五六年春には、読売新聞社主催のもとで展覧会「美しき国土　観光日本博」が宝塚動植物園と新温泉場内で開催された。わずか数年前に「アメリカ博覧会」を通じてアメリカの魅力を探し求めていた人々は、いまや日本の風物、郷土芸能、自然を自信を持って愛していた。(41)

文化外交においても、再建は徐々に進んでいった。戦時期文化外交の中心的組織であったKBSは敗戦後、丸の内の明治生命館にあった本部を占領軍に接収され、その機構、人員、および事業内容を大幅に縮小されていた。だが、一九五三年度には政府補助金が復活し、国際文化活動も本格的に再開される。(42)

次章では、新たな高度成長期を迎えた日本の文化政策へと焦点を移す。

第五章　新たな自画像

――豊かさの時代と宝塚歌劇団の再訪米――

はじめに

敗戦後、焦土からの復興を目指してきた日本は、一九五〇年代半ばに入り、新たな時代を迎える。国内政治においては、一九五五年に自由民主党と日本社会党をそれぞれ第一与野党とする「五五年体制」が成立し、この二大政党制下で保守政党・自民党が長期政権を握ることとなった。国際関係においては、六〇年に新日米安全保障条約が締結された。アメリカの核の傘のもと、冷戦下の安全保障体制を確立した日本は、経済力増進と政治的安定を最重要の国家目標として邁進する。保守勢力と資本主義を車の両輪とするこの新たな動きは、社会における変化とも連動していた。五九年の皇太子の結婚を機としたテレビの普及、安保闘争の挫折、池田勇人《はやと》内閣の所得倍増計画といった時流に添って、国民の関心も理念闘争から大衆文化へと移り変わっていった。本章は、このように高度成長期に突入した五〇―六〇年代の日本が作り上げた文化的自画像を、再び宝塚歌劇団のアメリカおよび国内公演を通して明らかにする。

冷戦のさなかにあった日米にとって、文化を通した両国の信頼構築は重要であった。たとえばアメリカでは、日本文化を愛好する何人かのピューリッツァー賞受賞作家たちが苦労しながら歌舞伎をアメリカ人に紹介するというような活動が、しばしば行われていた(1)。当時のこうした文化交流のうち、本章では、自国の舞台芸術を同盟国に持ち込む日本側の行動に焦点を合わせる。具体的には、新日米安保条約の締結交渉の只中で行われた宝塚の一九五九年渡米公演を取り上げ、日米二つの社会における舞台商品の解釈をめぐるすれ違いを明らかにする。この時期の対米文化交流で宝塚が採用した演出手法は、第一章で見たような和洋混合という劇団創設以来の構成をなおも維持していた。しかし、アジアにおける指導者というかつての主張は、もはや過去のものであった。それに代えて強調されたのが、日本の大衆芸術がアメリカや西洋の文化を受容することにいかに成功しているかという視点であった。

他方、宝塚は国内の観客に向けた文化活動では、対外用のイメージとは異なる自画像で人々を惹きつけようとしていた。そこでは、他国の文化の受容に積極的だという対外向けの自画像に代えて、日本の奥深い伝統を尊ぶ自らの姿を提示した。すなわち、日本の工業製品が国際的に評価されるようになり、「もはや戦後ではない」という意識が社会に芽生え始めるなか、国内向けの自画像では、自らの文化に対する自負心がむしろ強調されたのであった。本章後半では、宝塚の国内向けの像として、舞台『メイド・イン・ニッポン』を取り上げ、宝塚が対外公演で示そうとした姿と対照する。この作品は、日本文化への肯定的再認識を醸成しようとする政府の意図とそれに対する社会の同意が巧みに符合した好例であった。文化生産者、消費者、政府のあいだで広まっていった、『メイド・イン・ニッポン』に象徴される文化ナショナリズムは、当時の対米文化宣伝で示そうとしていた自画像とはややもすると相反するものであった。

対外文化事業の再開

国際社会に復帰した日本は、フランス（一九五三年）、イタリア（一九五四年）、西ドイツ（一九五七年）、イギリス（一九六一年）、ソ連（一九七二年）など、主要各国との文化協定締結にすぐさま乗り出し、舞台公演、展示会、音楽会、映画祭への参加、図書寄贈、学術交流といった活動を再開した(2)。こうした文化交流活動は、冷戦のなかで自国の適切な地政学的位置を模索していた日本にとっては重要な政策であった。

岸信介内閣は、政権発足間もない一九五七年四月以降、文化外交懇談会なる集まりを繰り返し招集した。官僚と文化人らを招いたこの会議では、前年一二月の国連加盟を経て国際社会の一員に戻った平和国家日本が、不安定な国際環境のなかで、文化的にどのように臨むべきかが議論された。外務省情報文化局長、近藤晋一をはじめ出席者たちの多くは、文化外交の役割を、日本の安全保障および経済発展のための「地ならし」と認識していた。このことは、資本主義・反共主義のいわゆる自由主義世界との文化交流が優先されるべきことを意味していた(3)。

文化事業の役割を認めながらも、日本政府の同事業に対する予算は、かつてと同様に小規模であった。戦後の国際文化事業は、外務省情報文化局第三課が主に担当していたが、五七年度の予算はわずか五〇六三万円であった。これは外務省総予算八〇億円の一%にも満たない額であり、国際的に見てもきわめて少額であった。たとえばフランスは、五六年度の国際文化事業に、同国外務省予算の二一%以上、日本円で約四四億円に相当する予算を計上していた。また西ドイツとイタリアも同年度、それぞれの外務省予算の約一〇%を同事業に配分していた(4)。

財政困窮の政府を補助する策として、再び活用されたのが、戦時期文化政策における総動員に類似した方法であった。一九六二年、KBSの組織改編が行われ、会長に岸前首相が就任するとともに、名誉会長と名誉副会長にそれぞれ池田首相と大平正芳外務大臣が就任した。この体制のもとで推進された文化事業拡充で特に重視されたのが、社会からの「総エネルギー」であった(5)。国家の外交は政府のみが担うものではなく、国民が「一体」となって「後楯」となる「国民外交」を伴わなければならない、というのがその論理だった(6)。

民間からの参加を求める文化行政の実態は、このように戦後も継続していた。しかし、文化外交の文脈自体はかつてとは異なっていた。上述のように、冷戦期における日本の立ち位置は、アジアの覇者や指導国ではなかった。KBS理事長鈴木九万《ただかつ》は、文化的視座から、戦後日本のいわば世界の仲介者としての役割を次のように強調している。

日本は敗戦の跡に生れた「フェニックス」(不死鳥)として、平和国家、文化国家としての独自の道を行こうとしている。世界は敗戦後数年にして、異常の回復をなしとげた日本に対して、驚異の眼をみはり、日本人について、出来るだけ知ろうとしている。これが世界の各方面に見られる日本ブームである。この際我々の行う謙虚にして適切な文化紹介は、最も受け入れられ易い情勢下にあるわけだ。

東にあり乍らよく西を摂り入れ、昨日まで後進国であり乍ら一躍近代化を実現した日本は、東と西、先進と後進との間に介在するコンネクティング・リンクであり、クリアリング・ハウスである。その意味で、冷戦やまない現下の国際情勢下において、世界文化と進歩とに大きく貢献し得るものと確信する。(7)

鈴木の言葉が伝えるように、この時期、冷戦体制がもたらす国際社会上の懸案に柔軟に対応することができるという日本像を対外的に描き出すことが、特に重視された。世界の多様な文化を見事に受容した日本人という姿が、対米文化外交のなかでも提示されるべきであった。そしてその意図は、まさに和洋折衷を真骨頂とする宝塚歌劇団との協同で具体化されるのがふさわしかった。

宝塚歌劇団の再渡米

戦後日本における良好な日米関係維持の重要性にもかかわらず、いまだ戦争の記憶が新しく、また冷戦期の思想闘争が続いていた多くの国民にとって、両国の距離を縮めようとする政治的な意図は、にわかには受け入れがたいものであった。このような社会情勢で日本政府の差し迫った課題とは、暴力的な政治運動も存在するとはいえ、日本大衆の多くは実のところ、アメリカ文化を楽しんでいるのだとアメリカ国民に印象づけることであった。日本政府が、宝塚歌劇団の北米公演というアイデアを思いついた背景には、このような政治的文脈があった。

他方、冷戦期のアメリカにとっても、他国との文化交流は重要な政策であった。アメリカは、自国映画・雑誌の国外への発信や学術プログラムを数多く実施し、その文化力を拡大する媒介として、フォード財団や大学などが大きな役割を果たした。同時に、アメリカ国内の大衆の、同盟諸国への親近感を醸成する必要もあった。かつての敵国日本についても、アメリカと冷戦期の価値を共有するパートナーとして、国民の対日認識を再構築する必要があった(8)。

このような対外文化戦略を選択していたアメリカから見ても、宝塚歌劇団訪米が果たす外交的価値は、大きかった。駐日アメリカ公使ウィリアム・レオンハートは、宝塚公演の意義をその舞台が象徴する東西融合という点から解釈していた。西洋の近代芸術からの深い影響のみならず、日本の伝統的要素も取り入れた舞台に対して、文化への相互理解を深めること、そしてさらに重要なこととして、日米同盟を強めることへの期待が、アメリカ側にも込められていた(9)。

日米政府をも巻き込んだ宝塚渡米計画は、当事者の劇団にとっても絶妙なタイミングであった。これに先立って、宝塚に対して、公的行事としての北米公演の企画を持ち込んできたのは、カナダであった。ブリティッシュ・コロンビア州設立一〇〇年を記念して行われる一九五八年七—八月の国際行事に際して、バンクーバー芸術祭協会(Vancouver Festival Society)は、宝塚への招聘を打診していた。外務省経由のこの提案に対して、当時の宝塚は、北米大陸進出の貴重な機会をカナダ公演にとどめるのではなく、併せてアメリカの主要都市をも巡回できるようにと、より大規模な計画を模索していた。拡張した渡北米公演は、宝塚にとっては経営上の要請でもあった。すなわち、非営利団体であるバンクーバー芸術祭協会からの依頼であったカナダ公演では、旅費や滞在費などは支払われるものの、出演料は支払われないため、その分の赤字を埋める必要が見込まれていた。このような状況のなか、アメリカでの興行を計画に組み入れようと、バンクーバー公演をなるべく祝祭期間の最終週に設定する日程調整が試みられた[10]。しかし、さまざまな事情から、同年の北米公演は、アメリカのみならず、カナダでも見送られることとなった。

アメリカでの公演機会を待望していた宝塚は、この時期並行して、ニューヨークの興行会社ギンズ・アトラクションズとも訪米公演について交渉していた。弁護士出身の社長アルバート・B・ギンズ(Albert B. Gins)は、アメリカ・オペラ興行協会会長を務めており、欧米のオペラ、コンサート、バレエの業界で多大な影響力を持つ人物であった。一九五七年三月、ギンズは、興行エージェンシーのウィリアム・モリス社の関係者とともに宝塚歌劇団を視察し、アメリカへの招致に興味を示した。その後、日米両社は、演目の内容や日程についての細かな相談を重ね、五八年一月に契約に至った。こうして、五九年の第二回バンクーバー芸術祭を含め、同年のカナダおよびアメリカでの宝塚公演はギンズ主催のもとで行われることとなった[11]。

興行でありつつも、政府から支援を受けた「公務」という性格もそなえていた同公演では、その公的位置づけが十分に活用された。たとえば、公演準備のために、京阪神急行電鉄の山口興一《おきかず》が渡米するに際して提出された渡航申請書には、外交任務の渡航であることが明記されていた。それは外務省の要請を受けての業務であり、日本芸術の代表として宝塚が選ばれたことがそこには記されていた。(12)また公演の記念アルバムに、藤山愛一郎外務大臣からのメッセージ――「日米及び日加両国民相互間友好親善関係の増進に立派に貢献されるものと信じます」(13)――を掲載することによって、劇団が国際交流活動も行っていることを示し、その活動の広さが強調された。

ギンズの斡旋が入ることで、宝塚は戦後再び渡米公演を実現できることになり、他方、日本政府も財政的支援を行わずに対米文化事業を推進することが可能となった。とはいえ、商業劇団と専門的興行師が主体となっている活動の内容面に対して、外務省と駐米日本大使館が無関心であったわけではない。興行過程を注視し、民間団体が果たす公的役割の範囲について、細かな介入を行った。たとえば、宝塚側は、日米親善の一環として、ワシントンDCでの公演に際して、アイゼンハワー大統領夫人を表敬訪問して和服を贈呈したい旨、外務省に伝えた。(14)これに対して外務省は、政治的な印象や宣伝という誤解を招くいかなる行動も控えるべきとして、一蹴した。これは、純粋に友好の表現といえる行為であっても、日本人の「物品贈呈癖」に対する期待を、特に高位のアメリカ人に喚起する恐れがあるという判断からであった。(15)

現地でのもめ事もまた、懸念の一つであった。一九五九年七月二六日、氷川丸に乗り、横浜港を出発した宝塚一行は、バンクーバー公演の後、アメリカのシアトルに向かった。現地からの報告によると、シアトル滞在中、阿部泰一団長は、支援を受けた総領事館、北米報知社、日系人会に謝意を表すことなく、また公演に関する情報や広報資料をこれら関係者に事前に提供することも行わなかった。公演が興行主ギンズのもとでの巡行といえども、日系人との関係におけるこのような不義理は、無礼な行動として現地では受け止められた。日系人らは、アメリカの有名劇団では考えられない、宝塚の団員運営におけるさまざまな問題――安い宿、バスでの移動、わずかな日当、休みのない過重な日程――を指摘しながら、品位ある日本代表団どころか「下級旅廻わり劇団」であると批判した(16)。こうした調整不足は、現地駐在の外交官を戸惑わせるものでもあった。

本件については本省よりその接遇につき何等の御指示もなかったため各在外公館の取扱振りに統一を欠いた点があるやに見受けられた。勿論本興行は営業本位で行はれ日本政府の行う文化紹介とは性質を異にするが米国人からみれば判然とした区別はつき難く日本の文化宣伝の一種と考え勝《がち》であるので当館としては全然放置するわけにも行かぬ次第である。従って今後は事前に接遇の必要の有無並びに基準につき然るべく御指示相成りたくお願いする(17)。

アメリカにおける評価

「Takarazuka Dance Theatre」という英文名称のもと、日本文化の精粋を披露することを目指した使節団一行は、現地の舞台環境に合わせて演目を用意していた。ある米紙の報告から窺えるように、その準備は大がかりであった。

一団は、四二名の平均年齢二二歳の未婚女性である。公演全体に含まれるのは、七五〇の贅沢な衣装、欧米の安全基準に合わせて新たに耐火性にした一五トンになる舞台装置(日本では舞台装置が紙でできていて、取り置かずに焼却される)、そして日本で三つの劇場を使って公演している四つの宝塚劇団から選ばれた演目である。(18)

宝塚の舞台が、提供者の意図どおりに、新しい日本芸術とその価値を示すことができたかどうかについては、戦時期の公演同様、議論の余地がある。在ニューヨーク日本総領事館は、九月一六日から一〇月三日までの、アメリカ公演のなかで最長の一八日間にわたったメトロポリタン・オペラ・ハウス公演に対する現地の反応を伝えている。総領事館の報告によると、しゃれた舞台装置や色彩豊かな衣装といった視覚的な華麗さに対する好意的な評価を述べた論評もあったものの、ほとんどは宝塚の舞台を「東西の舞踊と音楽が奇妙拙劣に混同したボードビル」とみなしていた。(19)『ニューヨーク・タイムズ』紙のジョン・マーチンは、二〇年前と同じ厳しい論評を繰り返した。

その結果は、芸術でも、ショービジネスでも、はたまた一等級のラジオ・シティ・ミュージック・ホールでもない。〔中略〕この作品に価値があるとすれば、それは視覚的なものである。〔中略〕全般的にこのショーは、東洋と西洋の、長く、薄く、実のない交わりであり、どちらにおいても最善でもない。〔中略〕ここで私たちが見せつけられているような我々の文化への侮辱を海外に流通させてしまったことに対する我々自身の責任に多少ショックを感じるかもしれない(20)。

宝塚による西洋的要素の表現は、戦時期の渡米公演における低い評価を糧にしてその後向上したとは理解されなかった。しかし、今回の舞台をめぐる日米における演出・演技者と観客の認識の違いは、そもそもこの劇団が持つ本質に原因を見出すことができる。この点は、同じく一九五〇年代半ばにニューヨークを訪れた吾妻日本舞踊団に対する評価と比較するとより鮮明になる。

日本文化を女性的なものとみなすアメリカの観衆の欲望に合致するように、松竹系の吾妻歌舞伎は、アメリカ進出において自らの公演スタイルに一工夫を加えていた。すなわち、同性愛を思わせるような女形など、本来の歌舞伎に存在する「危険な」要素を控え、異国的でありながらも「安全なオリエンタリズム」を描くために、女性たちによる日本舞踊を披露したのである(21)。

図18　北米公演のポスター（出典：『宝塚歌劇カナダ・アメリカ公演アルバム』宝塚歌劇団出版部，1960年，口絵）

これに対して、どちらの性も女性が演じるという特徴を堅持したままであった宝塚の舞台は、アメリカ人の目には、心地よい文化的価値観とは映らなかった。日本における宝塚認識では、その非伝統的特徴は肯定的に解釈され、大衆文化の斬新な先導者という評価が与えられていた。それは宝塚が、従来女性を排除してきた男性支配的な伝統歌舞伎に対抗し、娘役と男役の両方を女性が担うという、日本の伝統からすれば新たな価値を導入したことにあった。しかし、こうした役割のあり方が、ジェンダーの安定を脅かす不穏な価値としてアメリカでは批判を浴びる要因となったのであった。見方を変えれば、吾妻歌舞伎の好評と宝塚の不振というコントラストは、日本文化のなかに自らが好む形の保守的価値が体現されていることを期待していた、この時期のアメリカ人観客による文化的受容の限界の結果であった。マーチンは、その指向性において率直であった。

なぜ公演がすべて女性のみによって行われなければならないのかがわからない。彼女たちは舞台の外ではとてもチャーミングな子たちかもしれないが、舞台上では、その女らしさから何一つ生み出されていない。この舞台は、この上なく性というものがない夕べのようなものである。(22)

吾妻歌舞伎の公演が記憶に新しいアメリカの観客にとって、ジェンダーの安定という社会的合意を脅かす宝塚の舞台は、女性に対して保守的という日本芸術に対する予想とは大きくかけ離れていた。「劇団はこのちぐはぐな並置に誇りを持つといわれているが、アメリカの観客は、民族楽器からなる民族音楽（金属のアンプなしで）、いいかえればすべてが日本的なる少女劇を好むであろう」という論評は、その素直な感想であった。新聞紙上の公演写真でも、「宝塚の至宝」ともいわれる日本舞踊の名手天津乙女による着物姿の伝統的な女性的仕草しか掲載されなかった(23)。

宝塚劇団が固持してきた自らのシステムは、ジェンダーの不安定化どころか、むしろその対極であったことを考えると、これは皮肉ともいえよう。すなわち、宝塚の特徴の一つは、女優たちを自立した専門的な役者というより、純真で従順な「生徒」として扱うことにあった。現役女優のほとんどは未婚であり、団員の年齢構成は常に一定程度若いように維持されていた。清らかさやアマチュアリズム、処女性といったコードは、一九四〇年に劇団名から「少女」を外した後も、そのイメージの中心的位置を占めてきた。組織内の上下関係は日本社会の家父長制を反映し、小林一三とタカラジ

図19　舞台の一部から．上：『四つのファンタジア』（冬の雪），下：『花の踊り』（棒踊り）（出典：前掲『宝塚歌劇カナダ・アメリカ公演アルバム』口絵）

エンヌの関係は「お父さん」と「娘」であった。また団員同士も、他の劇団と同様、年齢や経歴によって厳格な「先輩」「後輩」秩序が保たれるが、加えて「姉」「妹」とする家族的関係も見られる。このような血縁用語の使用は、明治から戦時へと続く家族国家を支えた理念を引き継ぐものでもあった。[24]

サンフランシスコの評論家も、東海岸の評論家と同じく、宝塚の舞台への評価は低かった。歌舞伎形式の衣装や踊りにジャズを被せたもの、ルンバのリズムに乗ったものなど、公演における東西混合は、宝塚劇団をニューヨークのダンス・カンパニーに対応する「日本版ロケッツ」になぞらえさせた。[25]西洋的テクニックの模倣を少し控えていたならば、もっと日本的な味わいがあっただろうと、惜しむ評もあった。[26]

このような不評は、斬新な日本芸術を見せることができると確信していた宝塚を大きく落胆させた。しかしそうしたなかでも、たとえば、演出家渡辺武雄は、ニューヨークの舞台のレベルの高さを実感しつつも、和洋混合という方向性は、宝塚が挑戦し続けなければならない「日本の宿命」であることを力説した。渡辺は、アジアと西洋の異なる文化を消化して自家薬籠中のものとすることに日本文化の特徴があり、アメリカ人が観たがる「明治以前」の姿を乗り越え、東西調和を実現することが宝塚の役目であると語ったのであった。[27]

とはいえ、こうした劇団側の意図はアメリカの評論家に理解されることはなく、海外公演のための入念な準備も虚しく、米紙で宝塚は「明らかに国内消費向け」のものであると断じられた。宝塚が用いた西洋の技法は、現地では流行遅れのものとして扱われた。「絵画的に見事であっても劇としては面白みがない」演出であったため、いくら衣装や仕草に優雅で日本的な魅力を醸し出したとしても、観客には一九二〇年代の西洋で見られたようなものとして受け取られた。結局、吾妻歌舞伎の古典的な舞台がアメリカで獲得したような芸術的評価を勝ち取ることは、最後までなかった[28]。

このように、宝塚の根幹に関わる点について多くの酷評が寄せられたということはあったものの、今回の渡米には、戦時期の経験と比べるならば、いくつかの成果を見出すこともできる。まず、現地の興行師の協力もあり、ニューヨーク公演は、スケジュール半ばでキャンセルされたかつての公演とは異なり、少なくともすべての日程をこなすことができた。また、サンフランシスコでは、多くのアメリカ人(四〇%)の観客を集め、日系人(六〇%)の観客と数のうえではさほど遜色のない動員を実現した[29]。

図 20　フランク・シナトラ(中央)と20世紀フォックス社にて(出典：前掲『宝塚歌劇カナダ・アメリカ公演アルバム』口絵)

何よりも、渡米公演が国内にもたらした反響は、実に大きなものであった。戦後初のアメリカ大陸進出であり、四カ月間にわたり、カナダとアメリカの三〇都市で合計九〇回以上の公演を行うという野心的な文化事業は、日本の人々の注目を渡航以前から強く惹きつけた。神戸の地方紙は、公演参加者が査証を受け取るために、神戸のアメリカ総領事館を訪れた際の心弾む様子までも伝えていた[30]。また、『宝塚歌劇カナダ・アメリカ公演アルバム』は、ポスターや資料写真、演目構成、日程の詳細を載せているが、併載された参加者たちのエッセイには、公演だけでなく名所の訪問やハリウッド・スターとの夢のような出会いなど、現地での観光や親善活動に対する強い印象も綴られていた。日本の劇団として初めて世界最高峰の劇場、メトロポリタン・オペラ・ハウスで、しかも日本人指揮のオーケストラによって公演を行ったこと、またCBSテレビの『エド・サリバン・ショー』のような著名番組に出演したことなど、一連の出来事に対する自負と興奮が、包み隠さず語られていた(31)。米紙での評論は選択的に紹介され、宝塚演劇の娯楽性に対する現地での「激讃」といった、海外での「成功」が、やや過大に宣伝された(32)。

国産を謳う――『メイド・イン・ニッポン』

渡米公演を通して示すことが期待された世界文化の柔軟な受容者という対外的な自画像は、国内的には、高度成長のなかで日本国民のうちに芽生え始めていた新たなナショナリズムによっても支えられていた。一九五〇年代半ば以降に加速した経済成長のなかで、国産の品質およびデザインに対する国内生産者・消費者の自信は次第に高まっていた。ソニー、三洋電機、松下電器といった主要な家電メーカーは、自社製品の広告で、日本人の卓越した技術力を強調した。商品名には、伝統、自然、そして神話に関わる呼称がしばしば与えられ、高度な技術力と美的感覚は、古代から受け継がれた文化遺産と強く結びつけられた。一九五五年から七〇年まで断続的に続いた一連の好景気は「神武景気」

「岩戸景気」「いざなぎ景気」と名づけられ、時代の豊饒さの源が古代神話に繋がるがごとく描写された(33)。

この時期の大衆劇が伝統的素材に注目した背景には、日本社会のそのような文化的潮流があった。第四章の終わりで触れたように、一九五〇年代に入り、大衆文化は、日本の自然、郷土芸能、観光地を商品化し、その市場価値を見つけ出そうとしていた。宝塚も、新聞社と共同で博覧会を開催し、名産物や民俗舞踊を紹介することで、「国」を展示する企画に積極的に取り組んだ。

宝塚が伝統作品の創作に本格的に挑む様子は、一九五八年四月に発足した日本郷土芸能研究会に見出すことができる。この研究会の活動は、第二章で述べた戦時期の秦豊吉指導下の「日本民族舞踊の研究」に似たもので、地方の舞踊、民謡、風土に関する徹底的な現地調査が実施された。地方独自の素材を発掘することで、日本民族とその文化の力量の源泉を掘り起こすことが目指されたのであった。最初の作品である『鯨』(渡辺武雄振付、一九五八年)を皮切りに、宝塚大劇場をはじめ芸術祭やさまざまな舞台で毎年新作を発表し続けた研究会は、一〇年間にわたる郷土芸能の取材で膨大な資料を蓄積した(34)。

その成果は大衆的人気を集めたが、舞台内容は徐々に民族的感性に訴えるものになっていった。研究会による「日本民俗舞踊」シリーズは、一九六九年には、そのタイトルの「民俗」を「民族」へと変更した。こうして「ミンゾク」の芸術は、一地方から日本全体のものへと拡大されたのであった(35)。

各地方にはそれぞれの地域特有の祭や神楽といった郷土行事があり、その目的や営み方は異なる経緯で形成されてきた。しかし、多様性と個別性を認めながらも、それらはすべての日本人が共有する一つの文化として捉えられ、民族という大きな境界の内側で解釈されることとなった。

一九六二年に大阪で開かれた日本国際工作機械見本市と期を同じくして発表された宝塚のグランド・ショー『メイド・イン・ニッポン』は、こうした自国文化への陶酔のなかで登場したものであった。この作品が、一九四一年初演の帝国レビュー『世界の市場』を高木史朗が再構成したものであったという点は興味深い(36)。『メイド・イン・ニッポン』は、外国人を意識して制作されたというよりも、国内の大衆に向けて日本の奥深い文化力に対する自負心を呼びかける性格の強い作品であった。その題名は、英語の「Made in」に、あえて日本語の「ニッポン」を組み合わせることで、民族的自尊心を表現していた。

二部構成のこのレビューは、日本製品の価値を近代と伝統の両面から称賛するものであった。第一部では、世界に日本ブームを巻き起こしたカメラ、ラジオ、時計などの主要輸出品を紹介し、日本がいかに戦後の混乱を克服したかが描写される。その後、戦争で焼け野原になった町、インフレ、労働争議、犯罪、食糧不足、闇市、復員軍人など、疲れ果てて惨めな敗戦状況が時を遡って描かれる。続く第二部では、戦後日本のこの奇跡的復興が、竹・紙・石などを素材とする伝統工芸、日本の自然、および禅などの豊かな文化遺産に深く根づいている姿が描写される(37)。

『メイド・イン・ニッポン』は、国民に戦後日本の経済目標を改めて想起させることにも寄与した。経済官僚らは、消費革命を迎えたとまでいわれるようになった日本社会で、輸入品の過剰消費が貿易における収益の縮小をもたらすことへの懸念を抱いていた。各家庭が贅沢品の無駄な消費を慎み、合理的な家計運営によって国益増進に参画することが求められた。国産品愛用運動や貯蓄促進のキャンペーンが全国で展開され、輸出の増大が声高に叫ばれた(38)。松下電器、三洋電機、日東紡績といった企業をはじめとする製造業界が、そのような国家的課題の推進にふさわしい『メイド・イン・ニッポン』のスポンサーとなった。そこには、自らの業界の製品が日本を代表するものとして宣伝されることへの期待もあった。

ステキなメイド・イン・ニッポン
日本製品
それらは　われらのいのち
われらの力
〔中略〕
日本は資源の少ない小さな国です
〔中略〕
すべて材料は輸入品です
それらを加工して美しいものに作り上げるのが
それが　メイド・イン・ニッポン

日本製品
〔中略〕
心いれかえ
これから買いましょう
私たち日本人よ
ステキなわれらの(39)

上の歌詞にある「小さな国」という表現は、輸出振興を強調する国家の意図をうまく表している。経済官僚と財界は、日本を「資源の乏しい国」としばしば定義づけていたが、これは文字通りの貧しい国を意図していたわけではなかった。そこには、アメリカやイギリスのような先進国以上に努力をし、貿易と貯蓄に勤しまなければ国際競争のなかで生き残ることはできないというメッセージが込められていた。それは、輸出だけが日本人の生活を豊かにし、豊饒を確保するための道であるという認識を国民が広く共有することへの呼びかけであった。『メイド・イン・ニッポン』は、私益を超え、「お国のため」に貢献する作品として政財界から称賛された(40)。「のばせ貿易豊かな暮し」「よい品で世界に愛され親しまれ」といった大阪商工会議所のスローガンは、舞台のなかでそのまま用いられ、輸出促進への協力を国民一人一人に訴えた(41)。輸出振興運動に人々を誘い込むこの作品は、国家目標を国民に伝える優れた芸術として通産大臣賞を受賞するに至る(42)。

アメリカ公演で西洋的要素を強調した宝塚の主題は、国内では、このような国産に対する自負へと置き換えられた。ある種の「国策的ショー」を鑑賞しながら、観客たちは、政府と国民は命運を同じくしており、日常生活と貿易は結びついていることを再確認したのだった。(43)

宝塚演出家の草野旦《あきら》は後に、「ラジオを発明したのはエジソンである。でもそのラジオを実用化して、世界へ売りだしたのはソニーである」という話をし、日本製品に対する自尊心を語ったが、その自信に裏づけされた輸出品目は、工業製品に限られたものではなかった。少なくとも草野の目には、宝塚による日本製の舞台はいまや、近代レビュー発祥の地であるヨーロッパに「逆輸出」できるまでに完成された偉大な芸術になっていた。(44)

東京オリンピック以後

一九六四年の東京オリンピック開催により、敗戦の克服と経済発展の達成を世界に印象づけた日本は、文化事業をさらに整備していく。高度成長期も終わりに近づき、明治維新一〇〇周年を迎えた一九六八年、文部省は文化庁を設置した。初代文化庁長官今日出海のもと、六八年度の芸術祭の予算は、それまでの四倍以上の四七六五万六〇〇〇円に増額された。この予算をもとに行われた事業では、日本の近代化の歴史を再評価する記念行事が数多く行われた。(45)

また、六八年度の芸術祭では、ＮＨＫの協力のもと、「アジア民族芸能祭」が催され、東南アジアの音楽舞踊団が招待された。それは、帝国日本が内地と植民地に対してアジアの団結を求めた、かつての文化動員をいくぶん想起させるものであった。それは、アジアに投影された自国の姿を見つめ直す作業であり、アジアの文化遺産の支援者としての日本の役割を示そうとするものであった。民族音楽評論家、小泉文夫は、芸能祭の批評のなかで、アジア諸国は「西欧の政治文化の強い影響」のために、お互いの繋がりを認識できないままそれぞれ「孤立」してきたと論じた。そしてこの芸能祭は、民族芸能を中心としたアジアの繋がりを見直すことで、日本とアジアとの連携の重要性を再確認するための「歴史的行事」であったと評価した[46]。一九七三年には、元通産大臣宮沢喜一を団長として、政府による「東南アジア文化使節団」がインドネシア、タイ、ベトナムなどへ派遣された。訪問先では、政財界や学界の人士らと会合が行われ、交流活動を通した相互認識の改善を図る場が多数設けられた[47]。

文化事業の拡大は、移り変わる国際環境に対応するための外交戦略として浮上したものでもあった。日本のＧＮＰは西ドイツを抜き、世界第二位にまで躍進したが、「エコノミック・アニマル」という揶揄に象徴されたように、日本は経済利益のみを求めており、国際的課題の解決に関わっていないという批判が生じつつあった。また、一九七一年のリチャード・ニクソンの訪中予告発表（実際の訪中は翌年に実現）の「ニクソン・ショック」は、対米関係における孤立感を日本に与えるものとなった。

これらの危機に直面した佐藤栄作内閣は七一年七月、国際派として知られていた福田赳夫《たけお》を外務大臣に任命し、事態への対応を模索する。就任後、福田は直ちに対外文化機構とその事業を再構成する「福田構想」を打ち出す。七二年一月、第六八回国会の演説で福田は、日本が海外諸国との文化関係を拡大することが冷戦の緊張緩和の一助となり、そうした国際情勢の改善に積極的に参加するためには、基金の設立が急務であると論じた。大蔵省は福田が提案した一〇〇〇億円は拒否したものの、毎年一〇〇億円（年度途中の初年度のみ五〇億円）の出資に同意した。こうして、同年一〇月、政府はＫＢＳの事業を拡大した国際交流基金（理事長今日出海）を設立する。(48) 基金への出資に伴い、同年度の外務省文化事業予算は六一億円に達し、前年度に比べ、実に六〇四％の増加を見せた。(49)

ここに至り、日本政府の文化事業に対する支出は、他の先進国とようやく肩を並べるようになった。外務省は引き続き、一九七三年度の文化事業予算に一一〇億円を定めたが、それは外務省総予算の一二・六％を占めた。この額は、欧米各国の外務省による文化事業の予算と比較した場合、フランスと西ドイツには及ばないものの、アメリカやイギリスの水準にはほぼ到達しており、イタリアよりはやや上回っていた。(50)

しかしながら、そうした投資は長続きせず、一九七九年度の基金に対する予算は、五〇億円に削減された。この額は、ブリティッシュ・カウンシルやアリアンス・フランセーズの六分の一であった。また、同年度外務省、文部省、総理府などが管轄した文化交流事業の総予算額は四九四億円であったが、これはＯＤＡ（政府開発援助）予算の一五分の一であった。(51) 結局、日本政府は、経済力に比して欧米諸国ほどには文化事業に積極的とはいえず、この状況は、経済的繁栄の頂点を見た一九八〇年代末でも同様であった。一九八七年度のブリティッシュ・カウンシルが六〇〇億円、またゲーテ・インスティトゥートが一八九億円の総予算であったのに対して、国際交流基金のそれは七七億円であった。(52)

これまで見てきたように、文化事業に対する日本政府の消極的な財政支援は、文化生産者および消費者の協力によって常に補われてきた。官僚や資本家は、「文化」を、自国の置かれたその時々の文脈のなかで――危機の時代であれ、繁栄の時代であれ――最も望ましいと思える方向に定義を変化させながら、大衆の同意と参加を求めてきた。対外文化交流を戦後再開した日本は、冷戦という状況のなかで、その関心を政治的安定と経済的発展に集中させた。その推進力として、国家と社会の協同による文化振興は有力な手段であった。こうした政策は、イデオロギー闘争から豊饒と消費へと徐々に国民の関心が移行した変化ともうまく連動していた。高度成長期の日本における文化ナショナリズムの興隆は、経済力の向上、社会の変容、そして政治環境という三者のあいだのダイナミズムの産物であったといえよう。

日本における文化ナショナリズムの創出は、国民統合を課題とする他の諸国、とりわけ植民地から独立したばかりで、それゆえ国民形成が不安定なアジア諸国にとって多大な影響を与えるものであった。これら諸国のなかでも、日本の経済政策、教育、官僚制度などを取り入れた独立後の韓国では、このアイデンティティ形成過程は特に注目された。第六章では、いまだ反日感情が充満する社会のなかで、韓国政府が文化振興の方法論を日本から積極的に導入した過程を見ていきたい。

第六章　連鎖する文化経験
――日韓国交正常化後の「文化韓国」――

はじめに

韓国の政府と企業が、その経済政策において日本型モデルを積極的に導入した過程については、すでに数多くの研究で明らかにされている。脱植民地後の韓国社会における強い反日感情にもかかわらず、戦後日本の経済大国としての目覚ましい復興は、日本を韓国発展の模範とすることへの抵抗を抑えるに十分であった。加えて、日本をモデルにするという選択が拒絶されなかった背景には、経済政策、教育制度、官僚機構のいずれにおいても、植民地時代に形作られたさまざまな制度的・非制度的な基盤の存在があった。それらの遺産は、韓国で日本型システムの受容をかなりの程度容易なものにしたのであった(1)。

本章では、経済産業政策よりも人々の意識が敏感な文化政策における韓日の言説および関係に目を向けたい。具体的には、一九六五年の日韓国交正常化後の朴正熙《パク・チョンヒ》政権を中心に、「文化韓国」の運営が韓国政府によってどのように実践されたかを見る。朝鮮戦争後の国内体制の不安定および北朝鮮との対峙、軍事政権下の急速な経済成長とそれに伴う不平等の顕在化、さらに一九八〇年代後半以後の成熟社会へと変化しつつあるなかで生じた軍事政権の正統性に対する社会からの挑戦など、解放後の大韓民国では、国家権力の不安定要因が、時代によってその中身を変化させながらも常に存在し続けた。こうした状況のなかで、韓国の権威主義体制にとっては、人々のあいだに自国に対する「独自の民族文化」という意識を作り上げ、国家への忠誠心や民族への帰属意識を養うことは、きわめて重要な案件であった。それは、経済発展と政治的安定のためにも何としても実現すべき課題であった。

本章では、自国「固有」とみなされる伝統的価値を創造し、文化遺産への民族的自負心を呼び起こすために、韓国政権が実行した強力な文化政策を描き出す。国民国家を構築する過程で、他国の政策を模倣することはしばしば歴史上観察されてきたところではあるが、感情的もつれの残存するなかで旧支配国日本との関係を改善しようとする試みは、韓国の近代主義者にとっては特に難しい作業であった。実際、政権の正統性を確保するために、日本との空間的(地理的隣接性)また時間的(旧植民地時代からの継続性)連関を時には否定し、日本に対する国民感情を巧みに操作することも必要であった。本章では、文化政治におけるこうした困難に対して歴代の軍事・文民政権が、その目標をどのように実現しようとしたかを見ていく。

朴正熙政権と文化韓国

大韓民国における国策としての文化振興は、およそ二〇年間にわたる朴正熙の長期政権のなかで全面的に展開された。一九七一年、第七代大統領就任演説において朴は、「文化韓国」を実現すべきだと宣言する。七四年から七八年までの第一次文芸中興五カ年計画では、①正しい民族史観を確立し、新しい民族芸術を創造するとともに、②芸術の生活化・大衆化によって国民の文化水準を向上させ、③文化芸術の国際交流を積極化することによって文化韓国の国威を宣揚する、という重点目標が掲げられた。朴政権のその姿勢は、これまで本書で見てきた日本の文化行政と比較しても、はるかに積極的なものであった。五年間で総計四八五億ウォン（当時のレートで約一億ドル）の費用が文化事業に投入されたが、この経費の約八〇％が政府予算から調達され、残りを民間資本が補充していた。こうした強力な財政支援のもとで、文化芸術振興法が制定され、関連諸制度・委員会が創設された(2)。

当時の韓国の経済力を考慮すれば、私的部門からの資金を加えたとしても、文化事業にこの規模の資金を投入することは、大きな決断を要したはずである。しかし、権力の正統性が脆弱であった朴にとっては、固有の民族文化といった理念を育て上げることが緊要であり、そのために文化政策に相当額の投資を行うことは不可避の選択であった。こうして、国家資源の多くが経済発展を目指して基幹設備や重工業に投資されたのと同じ時期に、韓国政府は、文化の生産と消費に対しても積極的な施策を展開したのである。

朴政権による文化政策重視の方針は、それ以前の政権と比較するとより鮮明になる。たとえば、初代大統領李承晩《イ・スンマン》は、一九五〇年に国立劇場と国立国楽院を設立し、五二年にはそれらの文化機構の運営を支援すべく、文化保護法を制定した。しかしその中身は、植民地期にすでに築かれていた既存の制度組織の形式的な変更に過ぎなかった。「鮮展」は「国展」、「京城府民館」は「国立劇場」、「李王職雅楽部」は「国立国楽院」という具合に、名称が改められたのみであった。実際、独立直後の、さらに朝鮮戦争の混沌のなかにあった李政権には、文化的な事柄に集中するための時間や資源はほとんどなかった(3)。

その後、軍事クーデターにより誕生した朴政権の文化政策には、李の貧弱な文化政策から受け継がれたものもあった。たとえば、李政権が使いこなしたレトリックの手法がそれである。李が「団結すれば生き抜き、散り散りになれば死ぬ」と説いたように、朴もまた、在任中一貫して「国民総和」という言葉を掲げた。民族の団結こそ、外敵からの侵略という大いなる「国難」を排除する唯一の道であると唱えられた(4)。しかしこうしたわずかな点を除けば、朴の文化政策は、かつての政権から大きく舵を切るものであった。李がひたすら反日と反共の言説に固執したとすれば、朴はそこから一歩踏み出し、自らの統治権力に対する正統性を国民に納得させるためのより包括的かつ具体的な政策の立案を行った。そして、その主軸となる方針が、日本との国交回復であった。

朴政権の対日国交正常化への動きは、自主や独立といった、脱植民地後の韓国がその中心に据えてきた理念に真っ向から挑戦するものでもあった。学生、知識人、そして市民が、朴の「屈辱外交」を非難する大規模な抗議活動を展開した。この激しい反発に対して、朴は「反日」を避けるために「克日」という巧みなスローガンを導入する。朴は一九六五年六月の演説で、日本に対する被害者意識や劣等感を克服することこそが「真実に祖国を愛する」ことであると主張した。朴によれば、日本との国交正常化は、やむを得ない必要悪であった。国際共産主義からの絶えざる脅威は、韓国政府をして日本との同盟を逡巡する余地をなくさせているのであり、むしろ日本との政治経済関係を確固たるものにすることによって、韓国の産業発展と安全保障は強化されるのである。そしてこのことが結果的に、今後いかなる外来勢力といえども半島を再び支配することを不可能にすると論じたのである。(5)

セマウル運動と日本

農村近代化を目指して一九七〇年に始まったセマウル（新しい村）運動は、朴政権の代表的実績といわれる。国家に絶対的権力を与えたいわゆる維新体制を機に独裁色を強めた同政権は韓国史上しばしば批判の対象となってきたが、この全国規模の地域開発キャンペーンに対しては、韓国の急速な経済成長を実現させた主要な原動力であったというのが一般的な評価である。

一九六一年のクーデターによる政権掌握後、朴は程なくして日本を訪れている。当時まだ大統領には就任していなかった朴は、岸信介との初めての面談で、自らの軍事革命の背景を説明するとともに、日本との国交正常化について打診した。戦後日本の飛躍的な復興の姿は、満州国軍将校としての経歴を持つ朴にとっては、特に強い印象を与えるものであった。朴は、自らの軍事革命は、吉田松陰や高杉晋作のような幕末の志士を模範とした救国の行動であると論じた後、韓国の国家改革に対する助言を岸に求めた。その後も両者は面会を重ねたが、満州国での経済官僚という過去を持つ岸は、同じ満州経験者としての朴に親近感を覚え、近代化の戦略についての助言をしばしば与えた。これらの懇談のなかでとりわけ強く説かれたのが、経済産業の復興における農村対策であった。セマウル運動の着想は、おそらくここにあったと思われる(6)。

セマウル運動では、一般的には農村開発が特に注目されてきたが、それに限ったものではなかった。それはより広範に、国民一般の生活水準向上にも目を向けた改革運動であった。その点で、セマウル運動は、近代日本で展開されたさまざまな啓蒙キャンペーンに類似している。

たとえば、日露戦争以降の官僚と中産階級団体によって推進された地方改良運動、その後の戦間期の生活改善運動などは、質素倹約というそれまでの儒教的な道徳価値に近代的合理性を結びつけた国民教化運動であった。また同様の理念は、戦後復興期における新生活運動にも見られた。当時の日本の地方自治体、婦人会、企業は、民主社会を目標とし、さまざまな日常生活に関する啓発活動でその浸透に精力を注いだ。運動における取り組みは、育児指導、家事の効率化、公衆衛生、「一日一善」精神の実践、時間厳守、青少年非行の取り締まり、さらには慶弔儀式の簡素化に至るまで、幅広い生活習慣に及んでいた。またその活動では、主婦の役割がそれまで以上に強調された。倹約と能率に基づいた習慣が、職場のみならずそれを支える家庭でも、家族計画や合理的な家計経営といった形で着実に実践されるように推奨された(7)。

戦前の実践を受け継ぎながらも、新たな民主国家日本で推進された新生活運動では、社会の構成員が一定の自律性をもって行っていたのに対して、韓国のセマウル運動は、戦中日本の総動員により近い様態であった。たとえば、セマウル運動は、国民に求める精神力の養成方法において、一九三〇年代に朝鮮総督府が展開した農村振興会運動から示唆を得ていた。農村振興会運動に対する朴政権の公式見解は、韓国古来の自発的協同組織である契《ケ》、ドゥレ、プマシといった良き伝統の帝国日本による破壊という否定的なものであった。その一方で、植民地支配下の限界という留保を付けつつも、当時の施策が勤労精神を啓発することで、朝鮮の農村経済の発展に繋がる面もあったとして、肯定的な評価も示していた(8)。

このように朴政権下の精神運動は、選択的にまた無意識のうちに、植民地時代の農村振興戦略と戦後日本の新生活運動の経験——ともに勤倹・協同共栄という伝統的価値と近代産業社会の生産力向上の追求との接合——をいわば雛形として展開されたのである。運動の管理と運営には、大統領秘書室と内務部地方局セマウル指導課が直接その任に当たった。これらの組織によってセマウル運動のメッセージは、都市と地方の隅々にまで伝達された。内務部指導課は、日本の「隣組」に相当する、植民地朝鮮における「班会」を形を変えて復活させた。その活動では、各班を構成する世帯主や主婦が定期的に「班常会《パンサンヘ》」と呼ばれる会合に集い、近隣や地域社会のみならず、国全体に関わる行政全般についての意見交換も行った。内務部長官自らも班員として居住地の班常会に参加する様子が、広報冊子にも掲載された(9)。

こうした国家の強い関与に対して、社会の各層もまた、積極的な同意を与えた。たとえば「オモニ(母)会」をはじめとするさまざまな団体は、市や部処庁(日本の省庁に相当)と連携し、セマウル精神が各家庭で実践されるよう、「一人一通帳」の推進や「虚礼虚飾」の一掃などに取り組むことで、日常生活の改善とそれによる所得増大に力を注いだ。そうした運動に積極的に参加し、成果を収めることができた地域や人物は模範的な事例とされ、さまざまな刊行物やメディアで賛辞が送られた。(10)

セマウル運動下の「精神動員」

一九七二年八月、朴政権は文化芸術振興法を制定し、同年より毎年一〇月を「文化の月」と定めた。七三年一〇月二〇日の「文化の日」には「文芸中興宣言文」が公表され、文化力を通した国威向上に対する政府の強い意思が表明された。(11)朴政権下で文化公報部長官(一九七一―七四年)を歴任した尹胄栄《ユン・ジュヨン》によれば、莫大な予算のもとで数次にわたって立案された五カ年文化計画の目標はつまるところ、韓国を「精神的強国」に作り上げることにあった。朴政権は、かつての植民地時代に行われた戦争への総動員を思わせるような施策を持ち出し、国民に対する「健全な」精神教育を推し進めようとした。一九七二年一〇月に宣布された非常戒厳令に伴い改定された維新憲法のもとで強い権力を付与された政府は、映画や放送などに対して幅広く権力を行使し、「低俗な外来商業文化」の流入は統制された。(12)

ここでいう「健全な精神」とは、国難に立ち向かう国民の一体感を支える「調和の精神」というものであった。しばしば日本文化の伝統とされる「和の精神」が、皮肉なことに韓国でも、古来から受け継がれてきた固有の遺産としてよみがえったのであった。一族の先祖を崇拝するように隣人のそれを尊敬し、さらに護国英雄にまで崇敬を広げるという忠孝思想は、小さな家族からより大きな社会、そして民族へと階層的に拡大していく有機体のような国家機構を貫く価値とされた。(13)

朴の文化政策においては、伝統と歴史を再発見し、あまねく共有される過去という意識を国民のあいだに育むことが重視された。そのための教育として、政権初期から、歴史的人物とその業績の崇拝が積極的に行われた。その象徴的存在が、一五世紀半ばの世宗大王《セジョン》であった。大王のもとで制定された訓民正音(ハングル)はまさに民族の精髄とされた。また、豊臣秀吉の朝鮮出兵を撃退した朝鮮海軍の将軍李舜臣《イ・スンシン》も、死を恐れぬ護国戦士として広く崇められた英雄の一人であった(14)。

ハングル文字の公布をはじめ、学術研究、科学発明、文芸開花を革新的に推進した世宗の姿勢は、朴政権下の韓国が置かれた状況にいかに対応するかをまさに示唆するものであり、現下の民族の生存に直結するものであった。国王「世宗」の名はのちに、国家が推進するさまざまな文化・技術のプロジェクトや機関の名称として、ことあるごとに採用された。他方、李舜臣のような民族のために自らを犠牲にした愛国者の称賛は、朴の日本との深い関わりを埋め合わせするとともに、外部からの脅威——北朝鮮——に対して民族を守ることができる頼もしい軍事指導者としての自画像を描き出すことにもなった。

政策においては、文武両道の理想を実現するために、武芸の振興普及も図られた。韓国の武芸としていまや国際的にも知られるようになった跆拳道《テコンドー》は、一九七一年に「国技」とされ、翌年に中央道場(国技院)が開館した。「体力はすなわち国力である」という標語のもと、学校・塾の男子生徒の体育の授業や軍役の訓練でも跆拳道は採用され、個々の国民の身体および精神の修養が勧奨された。武としての肉体的鍛錬のみならず、国旗への敬礼をはじめ、試合や道場で実践されるさまざまな儀礼を通じて跆拳道は、勤勉と協同という団体活動錬成のための良い手段とされた[15]。

こうした精神刷新は、さまざまな制度上の整備を進めながら確立された。一九六八年には「国民教育憲章」が公布され、民族中興の理念が目標とされた。七一年からは「国民倫理」科目が学校カリキュラムに新たに導入されたほか、七八年には韓国精神文化研究院が開院された[16]。

韓国文化芸術振興院とセマウル演劇運動

精神的強国を目指す国家の理念・目標を国民の日常生活に浸透させる活動は、一九七三年一〇月に設立された韓国文化芸術振興院（以下、文芸振興院）の事業のなかでも実践された。この組織は、文化公報部（一九六八年発足）の指導のもとで、舞踊、演劇、音楽、映画、文学、美術といった文化芸術全般に対する総合的な支援を行う機関であった。その事業推進のため、文芸振興院は文芸振興基金を設置し、その基金を通じて文化施設と研究教育の拡充が行われたほか、創作的活動に対する支援が実施された。文芸振興院の運営には、知識人や芸術家、具体的には柳致真《ユ・チジン》や車凡錫《チャ・ボムソク》といった著名劇作家が積極的に関わった。その成果は、機関誌『月報　文芸振興』を通して発信された[17]。

この時期の韓国経済は一〇〇億ドルに到達した輸出に続き、一人当たりのGNPも一〇〇〇ドルに近づきつつあった。同院の郭鍾元《クァク・ジョンウォン》院長によれば、文芸中興に注がれる国家の投資と支援も、そうした物質的豊かさの拡大にふさわしい「精神文化」を開化させるための当然の施策であった。しかし郭の考えは、それにとどまるものではなかった。すなわち、一層の国力増進のためには、文化指導者のもとでの文化的成熟をさらに促進することが必要であり、その過程においては企業人のみならず、全国民が民族の繁栄に邁進することが要求された(18)。

セマウル演劇運動は、文芸振興院のこうした意図のもとで展開された。演劇関連の基盤施設の増設や、それらの施設と行政機関との連携を通じて、この運動は演劇に対する支援活動を次第に拡大していった。日本の町村に相当する韓国各地の邑《ウプ》・面《ミョン》や学校・職場などで演劇班が組織されたほか、創作の公募と脚本配布が行われた(19)。また劇作家、演出家、大学教授らは、地方の演劇指導者に対して演劇理論と実技指導を行い、素人劇の演出技法についての講義を提供した(20)。

国民すべてが日常のなかで気軽に芝居について学び合い、また稽古を行いながら演じるなかで、国からのセマウル精神の「教え」は、理解のすそ野を広めていった。セマウル運動の合言葉でもある「豊かに暮らしたい」という夢の実現にわずかでも人々を近づかせるために、専門家たちはその活動に積極的に関わり、政府の意向を支える存在となった(21)。貯蓄奨励は国家開発を資金的に支える財源として、セマウル運動における最重点であったが、配布された演劇の台本には、懸命に働きながら質素な生活を堅持することであらゆる試練をついには克服す

図21 文芸振興院開院式にて看板を掲げる郭鍾元院長(右)と尹冑栄文化公報部長官(左)(出典:『月報 文芸振興』第1巻第1号(1974年5月), 7頁)

るという、あるべき韓国人の姿が溢れていた。貯蓄は個人が行う選択ではなく、子供を含めた全国民が国家のために負うべき義務であった。村と家計を豊かにする貯蓄の重要性は、小学五年生の役の次の台詞に端的に表現されている。

お母さん、我が国の農村人口は全人口の半分なのに、払う税金は国民が使う一年間の予算六〇〇〇億のうちのたった三八億にしかならないそうです。ところが、今年私たち農村が使う予算は三〇〇〇億らしく、私たちは政府から二九六二億もただで借りて使っているそうです。〔中略〕だから、私たち農民や農村の子供たちが、貯金をたくさんすべきではないでしょうか(22)。

韓国映画人協会を中心とした専門家と製作者たちもまた、セマウル精神の映画製作に熱心であった。国家目標に向けた国民の総動員と協和を推進する映画の役割についてのあるセミナーでは、参加者たちはモデルとして、戦時期日本で実施された映画統制とそれに対する映画会社の積極性について述べた。感傷的な映画に代えて我慢強く生き抜く人々を描く映画が製作され、非常事態の時局に備えるための「新体制」が韓国映画界に呼びかけられた(23)。

美術界も同様であった。画家たちは、国難を乗り越えた史実をもとに民族史画を描き上げた。また音楽家たちに対しては、陽気な旋律と口ずさみやすい歌詞で構成された「健全」歌謡を制作することが求められた。さらに、これら芸術専門家に対してのみ、国家の有益な一員として貢献することが、求められたわけではなかった。全国的な文化運動は女性誌にも掲載され、主婦たちも自覚しておくべき事案であった(24)。この時期、韓国国民の日常は、さまざまな媒体を通じた精力的な文化キャンペーンに溢れていた。

朴政権の強力な文化政策動員によって整備されたこうした基盤は、その後も大きな役割を果たしていく。以下に見るように、朴の手法は、社会から政治的支持を得る有効な方法論として歴代政権にも受け継がれていった。

全斗煥政権の文化政策

全斗煥《チョン・ドゥファン》軍事政権の時期にも、韓国政府による文化事業への介入はそのまま継続された。一九八一年、第一二代大統領に就任した全は、大韓民国の建国以来初めて、憲法のなかに文化条項を書き加えた。「国家は、伝統文化の継承・発展と民族文化の暢達《ちょうたつ》に努力すべきである」というこの一文は、文化国家を作り上げるにあたっての政府の指導的役割を明確に表現していた。その後八三年に発表された第五次経済社会発展五カ年修正計画には、国家戦略の一つとして文化産業の発展と基幹施設の拡充についての方策が含まれていた。国民は、国立現代美術館、「芸術の殿堂」(主にクラシック音楽の演奏会場)、独立記念館、国立国楽堂を含め、八〇年代に新設されたさまざまな文芸施設の活動により、一般教養のみならず韓国の歴史と伝統芸術について学習した(25)。

全政権の文化政策に対する積極性は、朴と同じく、自らが抱えている政治的正統性の欠如に起因する側面が強かった。一九七九年一〇月に朴が暗殺された後、全は、陸軍士官学校第一一期の同期盧泰愚《ノ・テウ》とともにクーデターを実行した。八〇年に勃発した光州民主化運動に対する全の無慈悲な弾圧は、のちに彼の独裁政権が行使した暴力の象徴となった。メディアに対しては強い統制が敷かれ、いかなる批判も許容されなかった。

人々の注目を政治的議題からそらす巧妙な手段を必要とした全は、いわゆる「スリーエス」(スクリーン、スポーツ、セックス)政策に踏み出す。その政策のもと、解放後長年続けられた夜間通行禁止令は解除され、深夜劇場の許可とともに、成人映画などが解禁された。また、スポーツ界には多くの資金が供給されたが、プロ野球創設はその典型的政策であった。八二年に全政権がこの政策に乗り出した時期には、一人当たりの国民所得はいまだ二〇〇〇ドルにも満たない状況であった。こうしたなかにあって、光州に本拠地を置き、プロリーグで優勝を数多く収めたヘテ・タイガースの存在は、地域市民の軍事政権に対する義憤を忘却させるための格好の媒体であった(26)。

全政権のスポーツ政治は、日本の助言者から直接学んできた手法でもあった。瀬島龍三は、その助言に関わった人物の一人である。一九三二年に陸軍士官学校を、三八年に陸軍大学校を卒業し、のちに伊藤忠商事会長まで務めた瀬島は、日本の旧陸士出身の韓国人後輩たちと長らく親交を維持していた。そうした縁で、朴正熙や金鍾泌《キム・ジョンピル》をはじめ韓国主要軍人・政治家と交流があった瀬島は、水面下での両国間の仲介役をしばしば果たしていた。全が実権を握った直後の一九八〇年には、三星《サムスン》グループの李秉喆《イ・ビョンチョル》会長の仲介を受け、東急電鉄社長でありまた日本商工会議所会頭でもあった五島昇とともにに韓国を訪問した。国民統合、経済復興、および政権安定を促進するための統治戦略を話し合った全との面談において、五島は日本の経験を念頭に置きながら、オリンピックや万博を開催することを提案した。当時名古屋オリンピック招致委員会の役員でもあった五島は日本に戻ると、ソウル・オリンピックの招致運動に反対しないよう、調整に奔走したほどであった(27)。

全自身も、政権の正統性に対する国民合意の形成に関して、オリンピックのような大規模国際行事がまたとない手段となりうることを十分に理解していた。全は、一九八六年のアジア大会と八八年のソウル・オリンピックについて、在任期間内での開催決定を確実にするために多大な方策を企てた。スポーツによって国論を結集する政策を推し進め、政府と財閥からの資金が数々のスタジアム建設に投入された。政府は、八四年のロサンゼルス・オリンピックで好成績を収めた選手に対しては、兵役免除や寛大な社会給付を行うことを約束した。マスコミは、華々しく帰国したメダリストを国民的英雄に祭り上げ、選手たちを激励する全の写真を大きく掲載した。この「スポーツ大統領」の指導力のもとで、国民もさまざまなスポーツ活動に動員された。植民地時代から馴染みのある国民体操や運動会も復活した。勤労者と生徒たちは一日を体操から始め、定期的に開かれる学校や職場での運動会の応援のために家族全員で出かけた(28)。

スポーツを媒介とした文化政策は、大いに成功した。ラジオ体操と運動会の全国的拡大は、体力の増進だけがその目的ではなく、国民統合の手段として機能した。帝国日本が臣民に対して国家命令に従うよう団体鍊成を求めたように、国際スポーツ行事の開催は、韓国市民をその成功に向かって一致団結するように駆り立てた。人々は、韓国を訪れる外国人を迎えるに必要な伝統と歴史知識を学ぶとともに公衆道徳の厳守に努め、民族的自負心を掻き立てていった。全政権が精力的に実現を目指したオリンピックは、次の盧泰愚政権において花開く。

軍事政権以後の文化戦略

一九八八年に大統領に就任した盧泰愚は、全の指名した後継者ではあったものの、就任前の八七年に発表した六・二九宣言で、民主化への急激な変化を約束した。北朝鮮の不参加によって、ソウル・オリンピックでの南北両国民の競い合いは実現しなかったものの、北朝鮮を凌ぐ経済成長の達成は、盧政権の韓国に確固たる国際的承認を与えた。

ソウル・オリンピック後の韓国政府は、それまで相対的に低調であった外交面の文化政策にも積極的に乗り出す。一九九一年一二月、日本の国際交流基金に相当する韓国国際交流財団が設立された。同財団はその後、海外における韓国学の振興、文化交流、人的交流、出版・映像といった事業に対する支援を幅広く行っていく(29)。

一九九三年に金泳三《キム・ヨンサム》の「文民政府」へ権力が移譲され、韓国社会に対する国家の厳しい統制が緩められた後も、文化への介入はしばしば繰り返された。金が大統領就任直後に着手した「歴史の立て直し」作業は、同政権の道徳的権威の拡大にとって有効な戦略となった。歴史認識の改造に向けた中心的な課題の一つが、屈辱的な植民地経験の否定であった。金は九四年、朴政権以来学校教科書に掲載されてきた、帝国日本の「教育勅語」に習い、国家への忠誠を明記した「国民教育憲章」を廃止した。また九五年には、植民地統治のシンボルである旧朝鮮総督府舎の解体を敢行し、九六年には植民地時代からの残存用語である「国民学校」を「初等学校」とする改称を行った。金は在任期間中に、こうした脱植民地化への取り組みを頻繁に掲げ、それまでの軍事政権が失敗してきた植民地遺産の韓国社会からの一掃によって、自らの政権の正統性を際立たせていった。

金の政策の延長にありながらも、さらに論議を巻き起こす政策を、盧武鉉《ノ・ムヒョン》政権は実行する。二〇〇五年、同政権は「親日反民族行為者財産の国家帰属に関する特別法」を制定し、翌年に大統領直属の調査委員会を組織した。この措置は、植民地時代に親日行為によって利益を獲得した人物やその子孫を探り出し、その財産を不法財産として没収することを名目としていた。しかしその背景には、政権が政治力の回復に切実に迫られていたという実情が存在した。就任翌年の二〇〇四年に政局を揺るがした大統領弾劾訴追はその後棄却されたものの、盧政権の支持率は低迷し続けていた。植民地時代のレガシーとその清算をめぐる議論は、韓国社会のなかでは繰り返し論争を呼び起こしてきたが、解放後六〇年以上が経った時点で、それを国家的議題に取り上げ、その解決に向かう姿勢を見せることは、脆弱な政権にとっては正統性を確保するための格好の材料であった。

本章で見てきた文化政策をめぐるこれらの歴史的経験が、その後の李明博《イ・ミョンバク》と朴槿恵《パク・クネ》の両保守政権のなかでどのように変容したかを評価するには、まだ時間が必要であろう。本書では、朴正熙政権から始まり、その後の歴代政権が、いずれも自らの権威を正統化するために、どのような方法で文化政策を展開してきたかを見てきた。軍事政権は、韓日政府間の公式ルートまたは非公式のルートで、日本との親密な関係を維持しながら、政治的基盤の脆弱性を克服するための文化政策の導入を実践した。それら政権による民意の組織化の過程においては、帝国時代の文化経験が呼び起こされた。また、ポスト軍事政権においては、植民地時代の残滓を洗い流すことが主要な作業として取り上げられた。しかしそれにもかかわらず、民主政権という新たな政治的文脈のなかでも、文化政策の意図や内容の基本的な様式は残された。

文化政策の比較分析、とりわけ日韓比較においては、両国ともに自国文化に対する民族主義的な解釈への傾斜を回避することが困難である。しかし、そうした難しさにもかかわらず、この二国の文化政治における関連・相違・変容を綿密に検討することは、近代国家と国民の文化的動員との関係を的確に理解するためには避けては通れない作業である。本章も、そうした作業のなかの一つに位置づけられる。

注

序章

（1）内閣官房内閣審議室分室・内閣総理大臣補佐官室編『大平総理の政策研究会報告書1　文化の時代』大蔵省印刷局、一九八〇年。

（2）Harumi Befu, "Nationalism and Nihonjinron," in *Cultural Nationalism in East Asia: Representation and Identity*, ed. Harumi Befu, Institute of East Asian Studies, University of California, 1993, pp. 107–135.

（3）Ezra F. Vogel, *Japan as Number One: Lessons for America*, Harvard University Press, 1979〔エズラ・F・ヴォーゲル著、広中和歌子・木本彰子訳『ジャパン アズ ナンバーワン――アメリカへの教訓』TBSブリタニカ、一九七九年〕。

（4）根木昭『日本の文化政策――「文化政策学」の構築に向けて』勁草書房、二〇〇一年。

（5）後藤和子編『文化政策学――法・経済・マネジメント』有斐閣、二〇〇一年。小林真理ほか編『アーツ・マネジメント概論』（三訂版）水曜社、二〇〇九年。

（6）平野健一郎編『国際文化交流の政治経済学』勁草書房、一九九九年。戦後日本国際文化交流研究会『戦後日本の国際文化交流』勁草書房、二〇〇五年。

（7）Joseph S. Nye, Jr., *Soft Power: The Means to Success in World Politics*, PublicAffairs, 2004〔ジョセフ・ナイ著、山岡洋一訳『ソフト・パワー――二一世紀国際政治を制する見えざる力』日本経済新聞社、二〇〇四年〕。ちなみに筆者は、二〇一一年のアジア研究国際学会（Association for Asian Studies）で、戦後日本の文化外交に関するパネル報告を行ったが、コメンテータのカリフォルニア大学サンタクルーズ校准教授、アソ・ノリコ氏からのコメントは、本研究が近代日本の歴史的実情を踏まえることで、ソフト・パワーの概念をめぐる問題への理解を深める可能性を示唆してくれた。謝意を表したい。

（8）Eric Hobsbawm and Terence Ranger, ed., *The Invention of Tradition*, Cambridge University Press, 1983〔E・ホブズボウム、T・レンジャー編、前川啓治・梶原景昭訳『創られた伝統』紀伊國屋書店、一九九二年〕。

（9）Jennifer Robertson, *Takarazuka: Sexual Politics and Popular Culture in Modern Japan*, University of California Press, 1998〔ジェニファー・ロバートソン著、堀千恵子訳『踊る帝国主義——宝塚をめぐるセクシュアルポリティクスと大衆文化』現代書館、二〇〇〇年〕。川崎賢子『宝塚——消費社会のスペクタクル』講談社選書メチエ、一九九九年。Leonie R. Stickland, *Gender Gymnastics: Performing and Consuming Japan's Takarazuka Revue*, Trans Pacific Press, 2008. 荷宮和子『宝塚バカ一代——おたくの花咲く頃』青弓社、二〇〇九年。Makiko Yamanashi, *A History of the Takarazuka Revue Since 1914: Modernity, Girls' Culture, Japan Pop*, Global Oriental, 2012.

第一章

（1）Akira Iriye, *Cultural Internationalism and World Order*, Johns Hopkins University Press, 1997. 芝崎厚士『近代日本と国際文化交流——国際文化振興会の創設と展開』有信堂高文社、一九九九年。

（2）ＫＢＳ「昭和十三年度（自昭和十三年四月至昭和十四年三月）事業報告」一一—一二頁。

（3）外務省文化事業部「対外文化政策に就て（三枝書記官講演）」一九三一年七月。

（4）柳沢健「我国国際文化事業の展望」『中央公論』第五一年第五号（一九三六年五月）、一六二—一八三頁。

（5）外務省文化事業部「国際文化事業ニ関スル第六十七回帝国議会議事速記録抄録」一九三五年三月、六頁。

（6）外務省文化事業部「外交の新しき指標——文化協定の話（国際文化事業パンフレット　第十五輯）」一九三八年一一月。

（7）ＫＢＳ「本邦国際文化団体便覧」一九三六年一一月改訂増補。

（8）『ＫＢＳ三〇年のあゆみ』国際文化振興会、一九六四年、一一—一四頁。

（9）同上、一四頁。

（10）同上、一八頁。

(11) 藤本周一「「国際文化振興会」による戦前の三事業に関する研究ノート」『大阪経大論集』第四五巻第一号(一九九四年六月)、五二一六頁。

(12) Michael E. Robinson, "Colonial Publication Policy and the Korean Nationalist Movement," in *The Japanese Colonial Empire, 1895-1945*, eds. Ramon H. Myers and Mark R. Peattie, Princeton University Press, 1984, pp. 312-343.

(13) 岡部長景「国際文化事業の回顧(その二)」『国際文化』第九六号(一九六二年六月)、九頁。

(14) 前掲注(6)、「外交の新しき指標」一四―三三頁。

(15) 前掲注(8)、『KBS三〇年のあゆみ』一四―一五頁。

(16) 前掲注(5)、「国際文化事業ニ関スル第六十七回帝国議会議事速記録抄録」四頁。

(17) 外務省文化事業部「第六十八回帝国議会説明参考資料(国際文化事業之部)」一九三五年一二月、二―三頁。

(18) 柳沢健「国際文化事業とは何ぞや(続)」『外交時報』第七〇六号(一九三四年五月)、五一頁。

(19) 前掲注(6)、「外交の新しき指標」六頁。

(20) Gennifer Weisenfeld, "Touring Japan-as-Museum: *NIPPON* and Other Japanese Imperialist Travelogues," *Positions: east asia cultures critique*, 8: 3 (Winter 2000), pp. 747-793.

(21) 慶田茂「文化外交の大衆化」『改造』第一八巻第七号(一九三六年七月)、五二―五八頁。国際観光協会「日本=なぜ僕は日本へ行きたいか――附・当選者の来訪とその旅程」(一九三三年六月)。国際観光協会によると、一等に当選した高校生三名については、アイオワ州立大学のミッチェル・チャンレイ助教授の引率のもと、内地と朝鮮・満州をおよそ一カ月間にわたって見学させた。その費用は協会が負担し、参加者は帰国後に旅行記を協会に提出することになった。協会の同資料には、三人の作文(原文と和訳併載)および一行の旅行予定表が掲載されている。

(22) 『京阪神急行電鉄五十年史』京阪神急行電鉄株式会社、一九五九年。

(23) 津金澤聡廣「橋詰せみ郎と宝塚少女歌劇――『大阪毎日新聞』との共存共栄」津金澤聡廣・名取千里編『タカラヅカ・ベルエポックⅡ』神戸新聞総合出版センター、二〇〇一年、一五九―一六九頁。

(24) 『宝塚歌劇の六〇年』宝塚歌劇団出版部、一九七四年、三四頁。

(25)高木史朗『宝塚のわかる本』広済堂出版、一九七六年、一五二—一五三頁。
(26)『東京楽天地二十五年の歩み』東京楽天地、一九六二年。
(27)『宝塚歌劇四十年史』宝塚歌劇団出版部、一九五四年、序。
(28)小林一三「独伊芸術使節として渡欧するに際して」『歌劇』一九三八年一〇月、四五—四六頁。
(29)高木史朗『レヴューの王様——白井鐵造と宝塚』河出書房新社、一九八三年、九六—一一二、一二八—一四七頁。
(30)「宝塚をどり」『宝塚少女歌劇脚本集』一九三八年一一月、四四—四八頁。
(31)「ざだんかいの報告　宝塚少女歌劇　第一回海外進出作品を検討する」『歌劇』一九三八年一〇月、五二—五四頁。
(32)前掲注(28)、「独伊芸術使節として渡欧するに際して」四四頁。
(33)小林一三「外国向作品の片影」『歌劇』一九三八年一一月、四四—四五頁。
(34)秦豊吉『宝塚と日劇——私のレビュウ十年』いとう書房、一九四八年、五—八頁。
(35)同上、四一頁。
(36)「まあ綺麗！と盛んな拍手　宝塚少女歌劇の伯林初演　日本的情緒で観衆を魅了する」『大阪毎日新聞』一九三八年一一月一六日。
(37)「切符売切れ　伯林の宝塚歌劇」『大阪毎日新聞』一九三八年一一月二〇日。
(38)「独乙新聞の見た宝塚少女歌劇」『歌劇』一九三九年一月、七〇—七四、一九九頁。「伊太利公演新聞評」『歌劇』一九三九年二月、四六—四八頁。
(39)「宝塚の渡独初公演　伯林で好評」『国民新聞』(夕刊)一九三八年一一月一七日。
(40)「宝塚少女歌劇独伊親善芸術使節一行決算報告」『歌劇』一九三九年六月、四九頁。
(41)秦豊吉『宝塚欧州公演日記抄』私家版、一九五三年、五三頁。
(42)『日独伊親善芸術使節渡欧記念アルバム』宝塚少女歌劇団、一九三九年。
(43)「親善の役目果して振袖使節元気に帰る」『大阪日日新聞』一九三九年三月五日(池田文庫所蔵新聞スクラップ)。
(44)長谷部照俉(陸軍少将)「渡欧使節団活躍の跡を顧みて」『歌劇』一九三九年七月、五〇—五五頁。

（45）前掲注（８）、『ＫＢＳ三〇年のあゆみ』二〇―二一頁。
（46）外交史料館所蔵（Ｉ－０４１１）「文学、美術及演劇関係雑件／演劇関係32　東宝歌劇団ノ金門博覧会出演関係」。
（47）「近く渡米の宝塚少女歌劇へ「唐人お吉」上演禁止　日米関係を考慮して」『国民新聞』一九三九年三月一六日。
（48）前掲注（46）、外交史料館所蔵（Ｉ－０４１１）。
（49）同上。
（50）「宝塚の少女歌劇団を歓迎　サンフランシスコで人気を呼ぶ」『国民新聞』一九三九年四月二一日。
（51）「日本館はピカ一　振袖使節と共に紐育の話題」『東京朝日新聞』（夕刊）一九三九年五月二六日。
（52）Marie Hicks Davidson, "Nippon Ballet Welds Old, New Japan: Fun, Color, Rhythm Delight Audience at U. S. Premiere," *The San Francisco Call Bulletin*, April 27, 1939.
（53）Ada Hanifin, "Japanese Ballet Opens Its Engagement Here," *The San Francisco Examiner*, April 27, 1939.
（54）Claude A. La Belle and Marjory M. Fisher, "Takarazuka Girls Charm Capacity Audience at Opera House," *The San Francisco News*, April 27, 1939.
（55）「宝塚少女歌劇渡米公演予算及決算報告」『歌劇』一九三九年一一月、三六―三七頁。
（56）和田克巳『タカラジェンヌに栄光あれ』神戸新聞社出版部、一九六五年、一二五頁。
（57）前掲注（46）、外交史料館所蔵（Ｉ－０４１１）。
（58）渋沢秀雄『宝塚渡米記』春陽堂書店、一九三九年、七〇頁。
（59）John Martin, "The Dance: Cherry Blossom Ballet," *New York Times*, May 22, 1939.
（60）渡辺裕『日本文化モダン・ラプソディ』春秋社、二〇〇二年、二五八頁。
（61）前掲注（58）、『宝塚渡米記』三頁。
（62）Martin, *op. cit.*
（63）「アメリカの旅」『歌劇』一九三九年八月、五九頁。
（64）前掲注（56）、『タカラジェンヌに栄光あれ』一三〇頁。

(65) 前掲注(55)、「宝塚少女歌劇渡米公演予算及決算報告」同頁。

(66) 「宝塚振袖使節の功績　輸出芸術としての貴い試練」『大阪朝日新聞』一九三九年六月八日。

(67) 前掲注(56)、『タカラジェンヌに栄光あれ』一三〇頁。

(68) 「ヅカ娘よ出直せ　難波章子、社敬子ら七名を〝時局を弁へぬ〟で退校処分か」『大阪朝日新聞』一九三九年七月三〇日。「記者の手帖　外務省とレヴユ・ガール」『夕刊大阪新聞』一九三九年七月三〇日（池田文庫所蔵新聞スクラップ）。

(69) 「下駄にあいつらの顔〝あなたは誰をご蹂躙〟宝塚で目下大はやり」『毎日新聞』一九四三年二月三日（池田文庫所蔵新聞スクラップ）。

(70) ＫＢＳ「昭和十五年度事業概況」一九四一年六月二七日。ＫＢＳ「昭和十六年度事業概況」一九四二年六月二六日。ＫＢＳ「昭和十七年度事業概況」一九四三年一〇月八日。ＫＢＳ「昭和十八年度事業概況」一九四四年七月二八日。

(71) 「〝頑張りますヮ〟宝塚娘壮途へ　服装も見送りも自粛」『大阪朝日新聞』（神戸版）一九三九年八月二二日。

(72) 「レヴュー『東亜共栄圏』各地の踊りを取入れて　宝塚　文化交歓に一役」『大阪毎日新聞』一九四一年五月二八日（池田文庫所蔵新聞スクラップ）。

(73) 『東宝十年史』東京宝塚劇場、一九四三年、一三―一四、七六頁。

第二章

(1) 鄭昞浩『춤추는 최승희――세계를 휘어잡은 조선여자〔踊る崔承喜――世界を制覇した朝鮮女子〕』現代美学社、二〇〇四年。金賛汀『炎は闇の彼方に――伝説の舞姫・崔承喜』日本放送出版協会、二〇〇二年。李愛順『최승희 무용예술연구〔崔承喜舞踊芸術研究〕』国学資料院、二〇〇二年。

(2) 四方田犬彦編『李香蘭と東アジア』東京大学出版会、二〇〇一年。Sang Mi Park, "Ri Kōran by Asari Keita," *Theatre Journal*, 66: 2 (May 2014), pp. 274-276 (performance review).

(3) 佐谷功編『日本民族舞踊の研究』東宝書店、一九四三年。

(4) 『岩波講座近代日本と植民地　第七巻　文化のなかの植民地』岩波書店、二〇〇五年、vi―vii頁。

（５）ケネス・ルオフ著、木村剛久訳『紀元二千六百年——消費と観光のナショナリズム』朝日選書、二〇一〇年、第四—五章。

（６）「崔承喜出演日誌」『崔承喜パンフレット』第二輯、崔承喜舞踊研究所、一九三六年、奥付。

（７）小宮嚢二「崔承喜を見る」『舞踊新潮』一九三六年一〇月。村田春彦「哀れ崔承喜」『舞踊新潮』一九三七年一一月。

（８）新居格「崔承喜の舞踊を観る」前掲注（６）、『崔承喜パンフレット』第二輯、四—五頁。

（９）村山知義「崔承喜讃」同上、一〇—一一頁。

（10）柳宗悦「一つの感想」同上、一〇—一一頁。

（11）石井漠「舞踊は心の窓」同上、一二—一三頁。

（12）川端康成「舞姫崔承喜論」同上、五二—五四頁。

（13）「崔承喜の美容運動」『ホーム・ライフ』第一年第四号（一九三五年一一月）、九八—九九頁。

（14）「〝新版唇判断〟人気者の唇を覗く小西久遠氏」『読売新聞』（夕刊）一九三七年七月一〇日。

（15）Judy Van Zile, *Perspectives on Korean Dance*, Wesleyan University Press, 2001, p. 188.

（16）石井漠「崔承喜のこと」『舞踊日本』第一〇号（一九三四年八月）、六—八頁。

（17）同上。

（18）高嶋雄三郎・むくげ舎編『崔承喜』（増補版）むくげ舎、一九八一年、四七—五〇頁。

（19）平林久枝「崔承喜と安漠」『季刊 三千里』第一四号（一九七八年五月）、一六六—一七三頁。

（20）同上。

（21）咸大勳「최승희 씨의 인상（崔承喜氏の印象）」崔承喜『불꽃——1911～1969, 세기의 춤꾼 최승희 자서전（火花——一九一一～一九六九、世紀の踊り手崔承喜自叙伝）』字音クァ母音、二〇〇六年、一六一—一六六頁。本書で引用した『불꽃』の初出は、崔承一『崔承喜自叙伝』以文堂、一九三七年である。ほかに、海外デビュー前までの崔承喜の様子がわかるものとして、彼女自らが書いた自叙伝『私の自叙伝——半島の舞姫』日本書荘、一九三六年がある。

（22）崔承喜「형제에게 보내는 글（兄弟に送る書）」同上、七八—八四頁。

(23) 崔承喜「고뇌의 표현〔苦悩の表現〕」同上、八五―八九頁。

(24) 崔承一「최승희 무용〔崔承喜舞踊〕」同上、一七二―一七六頁。

(25) 崔承一「누이에게 주는 편지〔妹に送る手紙〕」同上、六四―七七頁。

(26) 三島由紀夫『わが思春期』集英社、一九七三年、三五―三六頁。

(27) 前掲注(19)、「崔承喜と安漠」一七一頁。

(28) "Korean Pavlowa to Dance Here: Famous Oriental Chooses S. F. for Debut," *San Francisco Chronicle*, January 12, 1938.

(29) 崔承喜「舞踊 十五年」『朝光』一九四〇年一月(『韓国芸術総集――演劇編Ⅱ 演劇・映画・舞踊』大韓民国芸術院、一九九〇年所収、五三八―五四〇頁)。紐育에서 崔承喜「米国通信」『三千里』第一〇巻第一〇号(一九三八年一〇月)、五六―五九頁。

(30) J. D. B, "Sai Shoki and Huapala Appear in Exotic Dances: Corean and Hawaiian Women at Guild Theater," *New York Herald Tribune*, February 21, 1938.

(31) "Sai Shoki Makes Good," *Seoul Press*, February 23, 1937.

(32) 「外遊を控へて張切る崔承喜 アチラの抱負を語る」『東京朝日新聞』(夕刊)一九三七年八月一五日。

(33) "Japanese Dancer At Curran Sunday," *The San Francisco News*, April 3, 1940.

(34) "They All Dance," *Chicago Tribune*, December 12, 1937. "Korean Pavlowa to Dance Here," *op. cit.*

(35) Irving Kolodin, "Sai Shoki Dances: Korean Artist Reappears in Guild Theater," *Sun* (New York), November 7, 1938.

(36) Van Zile, *op. cit.*, pp. 192–195, 214–216.

(37) *Choi Seunghee: The Korean Dancer*, Kultur, n. d. [ビデオ資料].

(38) John Martin, "Sai Shoki is Seen in Korean Dances: Young Oriental Artist Offers Her Second Program Here," *New York Times*, November 7, 1938.

(39)「半島の民謡踊りを世界的舞踊に…美人舞姫、崔承喜さん着桑」『新世界朝日新聞』一九三八年二月一三日。

(40)「「半島の舞姫」好評」『東京朝日新聞』一九三八年二月二一日。

(41)韓雪野「舞踊使節 崔承喜에게 보내는 書——戯画化된 朝鮮情調」『四海公論』一九三八年七月(前掲注(29)、『韓国芸術総集——演劇編Ⅱ』所収、五二五—五三一頁)。

(42)崔承喜「『춤추는 朝鮮』動乱의 欧州를 避해——春信은 太平洋을 건너」『朝鮮日報』一九四〇年一月二七日(『韓国芸術総集——演劇編Ⅰ 演劇・映画・舞踊』大韓民国芸術院、一九八九年所収、六三九—六四〇頁)。なお、パリのサル・プレイエル劇場をはじめ、ヨーロッパ各地における公演旅程の概要や現地デビューの雰囲気については、次の文献を参照されたい。「欧州で活躍する崔承喜」『会館芸術』第八巻第六号(一九三九年六月)、二〇—二二頁(同資料には、公演プログラムの一部写真も載っている。崔の場合、公演の地域や言語によって作品名の不一致も見られ、たとえば図6の踊りは、日本公演では『玉笛の曲』と呼ばれた)。

(43)金載元「欧州에서의 崔承喜——白耳義公演의 成功을 보고」『朝鮮日報』一九三九年三月一四日(同上、六三六—六三八頁)。

(44)"Sai Shoki, Premier Korean Dancer To Give Concert Today at Curran," *The New World-Sun Daily*, April 7, 1940.

(45)Walter Terry, "The Dance Festival," *New York Herald Tribune*, January 7, 1940. Marjory Fisher, "Sai Shoki Proves Fine Artist: Soloists Featured at Y. P. 'Sym'," *The San Francisco News*, April 8, 1940.

(46)G. N. B., "Sai Shoki," *Dance Observer*, 7: 2 (February 1940), p. 18.

(47)Ean Wood, *The Josephine Baker Story*, Sanctuary, 2000, pp. 81-84.

(48)Albertina Vitak, "Sai Shoki, December 28," section in "Dance Events Reviewed," *American Dancer*, 13: 4 (February 1940), p. 17.

(49)Rialtan, "Sai Shoki Charms Dance Fans," *Los Angeles Evening Herald and Express*, April 1, 1940.

(50)「半島の麗人 崔承喜さんの舞踊 千余の観衆を魅了 充実したプログラム何れも拍手の嵐!」『新世界朝日新聞』一九四〇年四月九日。

(51) 崔承喜「돌아온 崔承喜――춤의 世界一周談」『新時代』一九四一年一月(前掲注(29)、『韓国芸術総集――演劇編Ⅱ』所収、五四七―五五〇頁)。
(52) 前掲注(18)、『崔承喜』一〇三―一〇五頁。
(53) 同上、一二六―一二九頁。

第三章

(1) 古川隆久『戦時下の日本映画――人々は国策映画を観たか』吉川弘文館、二〇〇三年。
(2) 「「休養」の社会的意義」『大河内一男集　第六巻　国民生活論』労働旬報社、一九八一年、一八一―一九四頁(初出は、『教育』第六巻第一〇号、一九三八年一〇月)。
(3) 大政翼賛会「[秘]臨時中央協力会議会議録」一九四〇年一二月、一三二―一三八頁。
(4) 高岡裕之「十五年戦争期の「国民音楽」」戸ノ下達也・長木誠司編『総力戦と音楽文化』青弓社、二〇〇八年、四六頁。詳細については、『工場鉱山音楽調査』協調会産業福利部、一九四〇年、三、一一、六三頁。
(5) 戸ノ下達也『音楽を動員せよ』青弓社、二〇〇八年、九〇―一〇四頁。
(6) 協調会は、第一次世界大戦後の労働争議の増加などを背景に急変していく労働問題に対応するために、一九一九年一二月に発足した半官半民の組織であった。内務官僚、有力事業家、さらに学者らが参加し、労使間の協調を実現することが意図された。Sheldon Garon, *The State and Labor in Modern Japan*, University of California Press, 1987, pp. 51-52.
(7) 園池公功『勤労者演劇の手引き』協調会産業福利部、一九四〇年。
(8) 『素人演劇講座』日本文化中央連盟、一九四一年。
(9) 飯塚友一郎「演劇と教育」『演劇論　第四巻　演劇と文化』河出書房、一九四二年、一二七―一三六頁。
(10) 権田保之助『ナチス厚生団(ＫｄＦ)』栗田書店、一九四二年。
(11) 杉野橘太郎「ドイツ国民演劇」『演劇論　第五巻　演劇運動』河出書房、一九四三年、二五五―二六〇頁。

(12) 菅原太郎「外国に於ける移動演劇」伊藤熹朔編『移動演劇の研究』日本電報通信社出版部、一九四三年、七七―七八頁。

(13) 近藤春雄『ドイツの健民運動』冨山房、一九四三年、第七―八章。

(14) 同上、一―一八頁。

(15) 馬場辰己「演劇新体制と移動演劇」『日本演劇学会紀要』第二三号(一九八五年)、五一頁。官庁の人事異動に関する出典を補足すると、次の記事、「演劇法提出延期か」『東京日日新聞』(一九四一年一月一五日)のなかに「文部省の局、課長の更迭」と記されている。『昭和十五年十月一日現在　文部省職員録』文部大臣官房秘書課、一九四〇年には、田中重之(三七、一〇二、一二五頁)と小田成就(四〇、四二頁)の職名が明記されているが、翌年の職員録には両名とも記載がない。更迭の的確な理由や異動先は、不明である。

(16) 伊藤隆『近衛新体制――大政翼賛会への道』中公新書、一九八三年、一八七―二〇〇頁。

(17) 内務省警保局・文部省社会教育局「[部外秘]第七十四回帝国議会　映画法案議事概要」一九三九年六月、四八―五一、八二―八三頁。

(18) 前掲注(15)、「演劇新体制と移動演劇」四八頁。

(19) 同上。

(20) 前掲第一章注(73)、『東宝十年史』二七―三二頁。「松原英治」の名前は、文献によって「英次」と表記されているものもあるが、本書の引用資料のなかには「英治」の表記が多い。

(21) 「三浦時子を師匠に女工さん舞踊練習　宝塚歌劇の工場慰問」『大阪日日新聞』一九四〇年一一月二七日(池田文庫所蔵新聞スクラップ)。「職場の乙女にスターが手を取つて　宝塚唱舞隊鐘紡今津工場へ」『大阪毎日新聞』一九四〇年一一月三〇日(池田文庫所蔵新聞スクラップ)。

(22) 千賀彰「移動演劇に関する断想」『東宝』第八三号(一九四〇年一二月)、四八―五二頁。

(23) 伊藤熹朔『移動演劇十講』健文社、一九四二年、第二講。

(24) 北河賢三「戦時下の地方文化運動」赤澤史朗・北河賢三編『文化とファシズム』日本経済評論社、一九九三年、二〇九―二一五頁。岸田は、文化部長として二年弱働いたわけであるが、岸田死後の論評において千賀彰は、岸田の演劇人としての理想と文化部長としての行政能力不足を述べている。岸田のほかに、上泉秀信、遠藤慎吾、千賀彰、菅原太郎などの演劇専門家が、大政翼賛会文化部や情報局で役人としても関わっていた(千賀彰「翼賛会時代の岸田さん」『悲劇喜劇』第八巻第五号(一九五四年五月)、二八―三二頁)。

(25)「農村の文化について」『岸田國士全集』第二六巻、岩波書店、一九九一年、三五七―三六五頁(初出は、『農村文化』第二三巻第二号(一九四四年二月))。

(26)「文化とは――力としての文化　第一話」同上、一四八―一五九頁(初出は、『力としての文化』河出書房、一九四三年)。

(27) David Welch, *Propaganda and the German Cinema, 1933-1945*, I. B. Tauris, 2001, chapter 5.

(28) 遠藤慎吾「素人演劇の運び方」『職場の演劇　第二輯　素人演劇の方法(上巻)』大日本産業報国会、一九四二年、一―二二頁。

(29) 前掲注(23)、『移動演劇十講』第七講。

(30) 日本移動演劇連盟『移動演劇図誌』芸術学院出版部、一九四三年、六四―七六頁。

(31) 日本移動演劇連盟編『移動演劇とは』東京講演会出版部、一九四三年、四〇―四七頁。

(32) 前掲注(30)、『移動演劇図誌』挿図。

(33) 菅孝行『戦後演劇――新劇は乗り越えられたか』(増補版)社会評論社、二〇〇三年、四九頁。

(34) 松原英次「東宝移動文化隊の記録」村崎敏郎編『移動演劇運動とその反響』丹青書房、一九四三年、一八八―一九四頁。

(35) 前掲第一章注(73)、『東宝十年史』二七―三二頁。前掲注(31)、『移動演劇とは』一七頁。

(36) 前掲注(31)、『移動演劇とは』二〇―二一、五一頁。

(37) 菅原太郎「移動演劇随想」『文化日本』第五巻第四号(一九四一年四月)、八四―八八頁。

(38) 久住良三「移動演劇運動の将来への構想」『東宝』第一一〇号(一九四三年二月)、二五―二七頁。

(39) 永井智雄「移動演劇隊の日記」『日本演劇』第四年第一号(一九四六年一月)、五〇—五六頁。
(40) 大庭三郎「舞台美術の単純化——舞踊と舞台美術」『舞踊芸術』第八巻第八号(一九四二年八月)、二五—二七頁。
(41) 前掲注(23)、『移動演劇十講』第三講。
(42) 前掲注(34)、「東宝移動文化隊の記録」一七八—一八八頁。
(43) 園池公功『素人演劇の方向』坂上書院、一九四二年、一三二—一三五頁。
(44) 前掲注(37)、「移動演劇随想」八四—八八頁。
(45) 大山功「移動演劇の展開とその新理念」『東宝』第一一五号(一九四三年八月)、二二—二五頁。
(46) 前掲注(34)、「東宝移動文化隊の記録」九二—九四、一二八—一二九頁。
(47) 「移動演劇東京特別公演」『東宝』第一一三号(一九四三年六月)、一八頁。この広告文は、六月二〇日から二九日まで邦楽座にて行われた公演についての案内である。日本移動演劇連盟の主催で、情報局・大政翼賛会が後援し、移動演劇連盟専属劇団と松竹国民移動劇団が出演している。
(48) 前掲注(23)、『移動演劇十講』三八頁。
(49) 前掲注(43)、『素人演劇の方向』一三六—一三九頁。

第四章

(1) 入江昭『新・日本の外交——地球化時代の日本の選択』中公新書、一九九一年、五〇頁。
(2) 「平和国家」『朝日新聞』一九四五年九月五日。
(3) 江藤淳『閉された言語空間——占領軍の検閲と戦後日本』文春文庫、一九九四年。
(4) 谷川建司『アメリカ映画と占領政策』京都大学学術出版会、二〇〇二年。
(5) 『日米会話手帖』については、朝日新聞社編『『日米会話手帖』はなぜ売れたか』朝日文庫、一九九五年、一六—一七、二六頁。「英語会話」『リーダーズ・ダイジェスト』『ブロンディ』については、岩本茂樹『戦後アメリカニゼーションの原風景——『ブロンディ』と投影されたアメリカ像』ハーベスト社、二〇〇二年、八四—九〇頁。

（6）「新劇場『アーニー・パイル』　東宝劇場が、進駐軍用に衣替へ」『朝日新聞』一九四六年二月二五日。
（7）「アーニイパイル　日本人舞踊団のショウ　結成後初めて進駐軍に御披露」『東京新聞』一九四六年七月二四日。
（8）「アーニイ・パイル　伊藤道郎氏が製作監督に　進駐軍慰問に厳重なテストを」『東京新聞』一九四六年四月九日。
（9）ウィリアム・ハイム「宝塚の印象」『歌劇』一九四六年六月、八頁。
（10）「進駐軍と日本芸能　音楽と舞踊の一流を動員　Xマス中心に華やかな慰問陣」『東京新聞』一九四五年一二月二六日。
（11）"Zuka Girls Wave Graceful Farewell To Year In 'Adieu 1947,' Top December Attraction," *The Mainichi*, December 16, 1947.
（12）小林逸翁「おもひつ記」『歌劇』一九四六年六月、七頁（同資料は、小林一三『おもひつ記』阪急コミュニケーションズ、二〇〇八年に所収されている）。
（13）たとえば、「宝塚歌劇訪米十周年記念特輯」『歌劇』一九四九年四月、二〇―二七頁。
（14）「春のおどり――スキング・ラプソディ」『宝塚歌劇脚本解説集』一九五〇年四月、一七―二三頁。
（15）「今こそ芸術の要　安倍文相との文化問答」『朝日新聞』一九四六年一月二八日。
（16）文化庁編『文化行政の歩み――文化庁創設一〇周年にあたって』ぎょうせい、一九七八年、一一―一四頁。
（17）文部省社会教育局芸術課編『芸術祭十五年史』一九六一年、二―五頁。
（18）同上、六頁。
（19）「業界緊急諸問題につき本社主催で官民懇談会」『時事通信――日刊映画芸能版』一九四八年一二月一一日、四頁。
（20）俵藤丈夫「「芸術祭」の在り方について」『時事通信――日刊映画芸能版』一九四八年九月一一日、一頁。
（21）工藤明「私の主張」『時事通信――日刊映画芸能版』一九四九年七月一六日、八頁。
（22）前掲序章注（4）、『日本の文化政策』二五―二七頁。
（23）前掲注（17）、『芸術祭十五年史』六―九頁。
（24）遠藤慎吾「芸術祭の功罪」『芸術新潮』第七巻第一二号（一九五六年一二月）、一二七―一二九頁。

(25)宮森繁「東宝争議について」労働運動史研究会編『占領下の労働争議』労働旬報社、一九七二年、七〇—一〇五頁。
(26)前掲注(12)、「おもひつ記」七頁。
(27)「特輯ページ　東宝争議解決」『東宝』第一三八号(一九四八年一一月)、一五—一八頁。
(28)伊藤武郎「渡辺内閣の役割」『時事通信——日刊映画芸能版』一九四八年八月三〇日、一頁。
(29)成田龍一「「サークル運動」の時代——一九五〇年代・「日本」の文化の場所」河西英通ほか編『ローカルヒストリーからグローバルヒストリーへ——多文化の歴史学と地域史』岩田書院、二〇〇五年、二四七—二五四頁。
(30)思想の科学研究会編『共同研究集団——サークルの戦後思想史』平凡社、一九七六年、三—四頁。
(31)陣ノ内鎮「勤労者文化の各分野とサークル協議会　自立劇団協議会」日本民主主義文化連盟編『文化年鑑』資料社、一九四九年、二六三—二六八頁。
(32)八田元夫「敗戦直後の演劇状況——四五年~四八年」『悲劇喜劇』第二九二号(一九七五年二月)、九—一一頁。
(33)村山知義『自立演劇叢書1　自立演劇(素人芝居)のやり方』大川書店、一九四七年、五—二一頁。
(34)北河賢三『戦後の出発——文化運動・青年団・戦争未亡人』青木書店、二〇〇〇年、四四—四七頁。
(35)『職場演劇の三十六年』愛知県職場演劇協会、一九九四年、一—四頁。
(36)安住敦(日本移動芸能連盟総務課長)「移動演劇現況報告」『日本演劇』第四年第一号(一九四六年一月)、四三—四四頁。羽田義朗(日本移動芸能連盟製作課長)「移動芸能隊の街頭進出」同上、四五頁。
(37)前掲注(24)、「芸術祭の功罪」一二八頁。
(38)「花の風土記」『宝塚歌劇脚本集』一九五一年一一月、一四—一七頁。
(39)「「宝塚海外公演」への道」『歌劇』一九五二年一二月、五〇頁。
(40)『宝塚歌劇五十年史』宝塚歌劇団、一九六四年、一七九頁。
(41)「美しき国土　観光日本博」『歌劇』一九五六年三月、八六—八七頁。
(42)前掲第一章注(8)、『KBS三〇年のあゆみ』三〇—三一、三九頁。

第五章

（1）Barbara E. Thornbury, "America's *Kabuki*-Japan, 1952-1960: Image Building, Myth Making, and Cultural Exchange," *Asian Theatre Journal*, 25: 2 (Fall 2008), pp. 193-230.

（2）外務省文化事業部『国際文化交流の現状と展望（一九七二）』大蔵省印刷局、一九七三年、二〇八―二二三頁。

（3）外交史料館所蔵（I－0011）外務省情報文化局「［秘］第一回文化外交懇談会議事録」一九五七年四月一五日、一―六頁。

（4）「各国外務省の文化事業担当機構と予算について」『国際文化』第四三号（一九五七年一二月）、一〇頁。

（5）前掲第一章注（8）、『KBS三〇年のあゆみ』四六―四九、六一頁。

（6）外務省『わが外交の近況　昭和三二年九月』第一号（一九五七年）、二一頁。

（7）鈴木九万「百号発刊を迎えて」『国際文化』第一〇〇号（一九六二年一〇月）、一頁。

（8）Volker R. Berghahn, *America and the Intellectual Cold Wars in Europe: Shepard Stone between Philanthropy, Academy, and Diplomacy*, Princeton University Press, 2001. Christina Klein, *Cold War Orientalism: Asia in the Middlebrow Imagination, 1945-1961*, University of California Press, 2003. Naoko Shibusawa, *America's Geisha Ally: Reimagining the Japanese Enemy*, Harvard University Press, 2006.

（9）「大阪から横浜まで　栄光えの旅立ち　アメリカ公演組出発」『歌劇』一九五九年九月、四〇―四九頁。

（10）外交史料館所蔵（I－0076）「演劇関係　歌劇関係　宝塚歌劇団関係」一九五七年一〇月二八日、京阪神急行電鉄株式会社専務取締役小林米三より外務省情報文化局長近藤晋一宛の書簡。

（11）「出演者、スタッフの人選決る　宝塚歌劇、カナダ米本土公演　帰路ハワイ公演も追加」『宝塚歌劇通信』第一〇〇号（一九五九年四月一六日）、一―七頁。

（12）前掲注（10）、外交史料館所蔵（I－0076）京阪神急行電鉄株式会社より一万田尚登大蔵大臣宛の「海外旅行のため外国へ向けた支払許可申請書」「説明書」「旅行計画書」。

（13）『宝塚歌劇カナダ・アメリカ公演アルバム』宝塚歌劇団出版部、一九六〇年、三頁。

(14) 前掲注(10)、外交史料館所蔵（Ｉ－００７６）一九五九年五月一四日、宝塚歌劇団理事長梅田健一より外務省情報文化局参事官高橋明宛の書簡（この文書には、渡米の際、外務大臣からのメッセージもほしい旨、ひな型案つきで申し添えられている）。
(15) 同上、一九五九年七月七日、朝海浩一郎駐米大使より藤山外務大臣宛の書簡。
(16) 同上、一九五九年八月二五日、在シアトル武野総領事より藤山外務大臣宛の書簡。
(17) 同上、一九五九年九月二三日、在シカゴ総領事小沢武夫より外務大臣臨時代理総理大臣岸信介宛の書簡。
(18) Maxine Cushing Gray, "The Takarazuka Girls" (in "Eva Le Gallienne Starring In Drama of 'Mary Stuart'"), *Christian Science Monitor*, September 19, 1959.
(19) 前掲注(10)、外交史料館所蔵（Ｉ－００７６）一九五九年一〇月八日、在ニューヨーク総領事田中三男より藤山外務大臣宛の書簡。
(20) John Martin, "Dance: Japanese Girls," *New York Times*, September 17, 1959.
(21) Kevin J. Wetmore Jr., "1954: Selling Kabuki to the West," *Asian Theatre Journal*, 26: 1 (Spring 2009), pp. 78-93.
(22) Martin, *op. cit.*
(23) Margaret Lloyd, "'Zukettes' From Japan Visit New York," *Christian Science Monitor*, September 19, 1959.
(24) Robertson, *op. cit.*, pp. 4-18.
(25) Harold Hildebrand, "Japan Dancers Are a Smash," *Los Angeles Examiner*, September 3, 1959.
(26) Jack Loughner, "Takarazuka Troupe: Vaudeville Returns Via Japan Dancers," *San Francisco News-Call Bulletin*, November 10, 1959.
(27) 渡辺武雄「アメリカ手帖（二）」『歌劇』一九六〇年二月、六〇―六二頁。
(28) Walter Terry, "Takarazuka Dance Theater," *New York Herald Tribune*, September 17, 1959.
(29) 前掲注(10)、外交史料館所蔵（Ｉ－００７６）一九五九年一一月二〇日、在サンフランシスコ西山総領事より藤山外務大臣宛の書簡。

(30)「花やかに査証うける　米加公演のヅカガール」『神戸新聞』(夕刊)一九五九年七月三日。
(31) 前掲注(13)、『宝塚歌劇カナダ・アメリカ公演アルバム』二頁。
(32) 前掲第四章注(40)、『宝塚歌劇五十年史』一八八―一九一頁。
(33) Shunya Yoshimi, "Consuming America, Producing Japan," trans. David Buist, in *The Ambivalent Consumer: Questioning Consumption in East Asia and the West*, eds. Sheldon Garon and Patricia L. Maclachlan, Cornell University Press, 2006, pp. 75-82.
(34)「花風流――日本郷土芸能研究会　第一〇作　民俗舞踊(近畿編)　その一〇年のあゆみ」『歌劇』一九六七年四月、四八―五二頁。
(35)「祭――民族舞踊　第一一集」『歌劇』一九六九年二月、四〇―四三頁。
(36) Robertson, *op. cit.*, pp. 89-90, 226.
(37)「メイド・イン・ニッポン」『宝塚歌劇脚本集』一九六二年四月、一六―二六頁。
(38) Sheldon Garon, "The Transnational Promotion of Saving in Asia: 'Asian Values' or the 'Japanese Model'?" in Garon and Maclachlan, *op. cit.*, pp. 166-170.
(39) 前掲注(37)、「メイド・イン・ニッポン」一六―一七頁。
(40)「ニッポンはこうして生きている」『歌劇』一九六二年四月、五四―六〇頁。
(41) 森山正夫(大阪商工会議所業務部長)「「メード・イン・ニッポン」の企画をよろこびます」『歌劇』一九六二年三月、四二―四三頁。
(42) 前掲第四章注(40)、『宝塚歌劇五十年史』一九五頁。
(43) 荘司茂樹(亜細亜機械貿易株式会社社長)「メイド・イン・ニッポンをみて」『歌劇』一九六二年五月、四四―四六頁。
(44) 草野旦「THE TAKARAZUKA ヨーロッパ公演プレビュー」『歌劇』一九七五年一〇月、五四―五九頁。
(45) 文化庁文化部芸術課『芸術祭三〇年史本文編』文化庁、一九七六年、七三―七八頁。

(46) 同上、二一〇―二一二頁。

(47) 外務省『わが外交の近況　昭和四八年版(第一七号)』大蔵省印刷局、一九七三年、八一二―八一三頁。

(48)『国際交流基金一五年のあゆみ』国際交流基金、一九九〇年、一五―二九頁。

(49) 前掲注(2)、『国際文化交流の現状と展望』二〇〇頁。

(50) 前掲注(47)、『わが外交の近況』八〇八頁。

(51) 前掲序章注(1)、『大平総理の政策研究会報告書1』八六頁。

(52)『国際文化交流元年への期待――新聞報道一九八五〜一九八八』国際交流基金、一九八八年、五六頁。

第六章

(1) Bruce Cumings, "The Legacy of Japanese Colonialism in Korea," in *The Japanese Colonial Empire, 1895-1945*, eds. Ramon H. Myers and Mark R. Peattie, Princeton University Press, 1984, pp. 478-496. Alice Amsden, *Asia's Next Giant: South Korea and Late Industrialization*, Oxford University Press, 1989. Carter J. Eckert, *Offspring of Empire: The Koch'ang Kims and the Colonial Origins of Korean Capitalism, 1876-1945*, University of Washington Press, 1991. Eun Mee Kim, *Big Business, Strong State: Collusion and Conflict in South Korean Development, 1960-1990*, State University of New York Press, 1997.

(2)『文化芸術振興白書』韓国文化芸術振興院、一九八五年、二〇―二三頁。

(3) 同上、一七―一八頁。

(4)「自主・自立・自衛는 国家発展의 原動力――朴正熙大統領 年頭記者会見에서」『月刊 文芸振興』第五巻第一号(一九七八年一月)、八―一一頁。

(5)「韓日会談 妥結에 즈음한 特別談話文」『朴正熙大統領演説文集　第二輯(自一九六五年一月〜至一九六五年一二月)』大統領秘書室、一九六六年、二〇八―二一二頁。

(6) 岸信介ほか『岸信介の回想』文芸春秋、一九八一年、二二五―二二六頁。

(7) Andrew Gordon, "Managing the Japanese Household: The New Life Movement in Postwar Japan," *Social Politics*, 4: 2 (Summer 1997), pp. 245–283.

(8) 『새마을運動──그 理論과 展開』文化公報部、一九七二年、第五章。

(9) 『班常会의 時代的 意義』内務部、一九七八年。

(10) 前掲注(8)、『새마을運動』第四章。

(11) 『文化公報 三〇年』文化公報部、一九七九年、二二四、二二六頁。

(12) 尹青栄「文芸振興의 長期的 基調」『維新政友』第五巻第四号(一九七七年一二月)、三七—四四頁。

(13) 朴正熙『民族中興의 길』光明出版社、一九七八年、一七—二五頁。

(14) 朴正熙『우리 民族의 나갈 길(我が民族の進む道)』東亜出版社、一九六二年、九六—一〇七頁。

(15) 『태권도교본(跆拳道教本)』大韓跆拳道協会出版部、一九七二年。

(16) 박정희대통령기념관(朴正熙大統領記念館)ホームページ http://presidentparkchunghee.org(二〇一七年九月一九日最終アクセス)

(17) 『문예진흥원20년사(文芸振興院二〇年史)』韓国文化芸術振興院、一九九三年、七七—九一頁。

(18) 郭鍾元「文化와 民族」前掲注(4)、六—七頁。

(19) 「文芸中興 五個年計画 概要」『月報 文芸振興』第一巻第一号(一九七四年五月)、一四頁。

(20) 「全国 새마을演劇指導者 講習会」『月報 文芸振興』第一巻第五号(一九七四年九月)、一五—一六頁。

(21) 車凡錫「「새마을演劇戯曲選集」을 내면서」車凡錫編『새마을 연극・희곡 선집(セマウル演劇・戯曲選集)』世運文化社、一九七四年、四四三—四四四頁。

(22) 朱萍「새마을 저금열차(セマウル貯金列車)」同上、三五六—三七一頁。

(23) 「国民総和를 為한 映画芸術」『코리아 시네마(コリアシネマ)』第三号(一九七二年五月)、八一—九八頁。

(24) 「主婦時事 第一次文芸中興五個年計画」『新女苑』第四巻第一号(一九七四年一月)、三六三—三六五頁。

(25) 前掲注(17)、『문예진흥원20년사』一〇〇—一〇一頁。

(26) 「스포츠로 지배하라! 5공 3S정책(スポーツで支配せよ! 五共三S政策)」『이제는 말할 수 있다(今は言える)』第九五回、MBC프로덕션、二〇〇五年[DVD]。
(27) 瀬島龍三『幾山河——瀬島龍三回想録』産経新聞ニュースサービス、一九九五年、四二〇—四二二頁。
(28) 前掲注(26)、「스포츠로 지배하라! 5공 3S정책」。
(29) 韓国国際交流財団ホームページ http://www.kf.or.kr(二〇一七年九月一九日最終アクセス)

あとがき

本書で見てきたように、日本政府の文化政策においては、文化事業の重要性は認識されていたものの、財政当局は予算的制約を口実に常に支出に消極的であった。このような状況のなか、その懸隔を埋める役割を担ったのが、学者、芸術家、文化人、企業、大衆といった社会集団であった。外務省・文部省(現・文部科学省)などの文化事業当局は、資金と人的資源を民間領域に求め、社会の多様なアクターと関わり合いながら、政策立案と組織運営を実現させようとした。

一九九〇年代末以後の景気後退にもかかわらず、企業をはじめとする私的領域の協力は、それまで以上に要請されるようになる。二〇〇〇年代前半、小泉純一郎政権によるいわゆる構造改革が次々と断行される一環で、政府は文化領域の市場化を推進した。二〇〇三年一〇月一日には、戦後日本の文化事業の中心機関であった国際交流基金、また舞台芸術活動を支援してきた日本芸術文化振興会が独立行政法人化され、その後もさまざまな文化組織がより自立的な団体へと再構成された。

完全な民営化ではないとはいえ、これらの組織の独立行政法人化は、民間企業や個人からの寄付など、文化事業の民間資本への依存をさらに高めさせる環境を作り出した。こうした改革は、日本の文化行政を根本的に揺るがす性質のものなのか。それを判断するにはまだ時間が必要であろう。文化行政における公と民をめぐる議論は、まさに始まったばかりである。

二〇二〇年の東京オリンピック・パラリンピックは日々、日本の文化力を対外的および国内的に提示するための契機となっている。その国家的祭典に際して、どのような日本像が世界に向けて表現されるのか、また国家と社会はどのような協同態勢でそれに臨むのか。興味は尽きない。

本書は、二〇〇七年にプリンストン大学大学院に提出した博士学位論文“Japan as a Cultural State (*bunka kokka Nippon*): Theater, Culture, and Politics”をもとにしている。各章は、これまで左の通り英文および和文の雑誌に発表されたが、単行本として上梓するにあたって大幅な加筆と修正を行った。

【第一章】「「近代日本」を世界に見せる——戦時期対外文化政策と宝塚少女歌劇団の欧米公演」『思想』第一〇二六号(二〇〇九年一〇月)、八一—一〇三頁。“The Takarazuka Girls' Revue in the West: Public-Private Relations in the Cultural Diplomacy of Wartime Japan,” *International Journal of Cultural Policy*, 17: 1 (January 2011), pp. 18-38.

【第二章】「「日本帝国文化」を踊る——崔承喜のアメリカ公演(一九三七—一九四〇)とアジア主義」『思想』第九七五号(二〇〇五年七月)、一二六—一四六頁。“The Making of a Cultural Icon for the Japanese Empire: Choe Seung-hui's U.S. Dance Tours and “New Asian Culture” in the 1930s and 1940s,” *positions: east asia cultures critique*, 14: 3 (Winter 2006), pp. 597-632.

【第三章】"Wartime Japan's Theater Movement," *WIAS Research Bulletin*, no. 1 (March 2009), pp. 61–78.

【第四章】"The Formation of a 'New Japan' under the U.S. Occupation (1945–52): Popular Theater and the Cultural Restoration," *East Asian Studies*, 33: 1 (February 2014), pp. 135–168.

【第五章】"Staging Japan: The Takarazuka Revue and Cultural Nationalism in the 1950s–60s," *Asian Studies Review*, 39: 3 (September 2015), pp. 357–374.

【第六章】"The Paradox of Postcolonial Korean Nationalism: State-Sponsored Cultural Policy in South Korea, 1965–Present," *Journal of Korean Studies*, 15: 1 (Fall 2010), pp. 67–94.

本書の刊行に至るまでには、いくつかの偶然とたくさんの恩人たちとの出会いがあった。以下、簡略だがお名前を挙げて感謝の意を表したい。

ソウル大学名誉教授の金容徳先生には、二〇〇〇年に日本語で提出した大学院修士論文「民衆宗教の制度化過程に関する一研究——大正期の天理教における女性役割の変容」の指導をはじめ、きめ細かい学問上のご教示をいただいたうえ、進路や悩みについてもたびたび相談に乗っていただいた。深く感謝申し上げる次第である。

日本の宗教文化に関心を持っていた筆者は、東京大学名誉教授の島薗進先生からも修士論文の調査・執筆において多大なご助言をいただいた。その後も、研究成果を報告すると、いつも拙い論文を読んでくださり、二〇〇一年に筆者がプリンストン大学に留学した後も、わざわざコメントを郵送してくださった。後進を大切に育てようとする日本の学者気質を目の当たりにするようであった。この場を借りて厚くお礼を申し上げたい。

筆者は博士課程に進学した後、日本について違った側面からアプローチしてみたいと思うようになった。だが、新しいテーマがなかなか見つからず、フィールド調査もうまくいかない日々が続いた。しかしある時、帰省先からニューヨークへ戻る飛行機のなかでうとうとしていると、「チェ・スンヒ」という名前が脳裏に浮かんだのである。大した期待もせずに大学図書館で検索してみたところ、アメリカ公演の記録が出てきた。

崔承喜との出会いはそこから始まった。興味深い資料が次々に見つかり、それらの関係を解きほぐしていく過程は、寝る間も惜しいほど楽しかった。当時筆者は、コロンビア大学のチャールズ・アームストロング先生のゼミに出席していたが、先生は筆者の崔承喜調査のレポートを英文雑誌に投稿することを勧めてくださった。また、後に博士論文審査にも加わっていただき、審査会の際はニュージャージーまでご足労をいただいた。この場を借りてお礼を申し上げたい。

このような経緯を経て、博士論文ではさらに視野を広げ、日本の帝国史、対外文化宣伝、国家社会関係、そして戦前から戦後にまたがる変容と継続といった面から、近代日本とアジアとの関係を研究してみたいと思った。こうした着想に至るまで、プリンストン大学では、主指導教官のシェルドン・ガロン先生をはじめ、デビッド・ハウエル、ギルバート・ロズマン、マーチン・コルカット、ジョイ・キムの諸先生に大変お世話になった。先生方から学んだ学問的な方法論は、その後の研究において貴重な礎石となっている。厳しい指導とともに温かい励ましをくださった恩師たちに、深く感謝申し上げたい。

日本でのフィールド調査のなかで、東京大学大学院情報学環・学際情報学府の吉見俊哉先生に出会えたのは、何よりの幸運であった。同大学の加藤陽子先生は、何の面識もない突然の訪問客であった筆者のために吉見先生にお目にかかる仲立ちをしてくださった。その後お礼をしそびれてしまっていたが、この場を借りて過日のご厚情に改めてお礼申し上げたい。

二〇〇四―〇五年、吉見研究室で外国人研修員として調査を行った一年は、博論執筆にあたって次々とアイデアの湧く充実した時期であった。これは、資料とその分析方法に関する吉見先生の多岐にわたる助言、専門家の紹介、温かい激励がなかったら不可能であった。吉見先生は筆者の日本での論文発表のために労をとってくださり、日本で研究を重ねていくにあたっての面倒な相談にいつも応じてくださった。先生には、文字通り感謝の言葉も見つからない。

また東京大学名誉教授の平野健一郎先生は、研究における国際的視点を気付かせてくださった。先生は筆者がアメリカから日本の大学に移籍する際にご助力くださったほか、日本の事情に不案内な筆者のために関連の学会をご紹介くださったりもした。現在日本で研究活動を継続できているのは、先生に負うところが大きい。

日本での調査には、東京大学大学院人文社会系研究科の小林真理先生をはじめ、たくさんの方々からご意見をいただいた。また、多くの方に文献や関係者をご紹介いただき、勉強会・報告会や執筆作業にも声を掛けていただいた。略儀ではあるが、次の方々にお礼を申し上げたい（敬称略）。李炯植、マイカ・アワーバック、山口誠、猪口孝、佐藤健二、川崎賢一、木下直之、佐藤郁哉、伊藤裕夫、菅野幸子、岡眞理子、川村陶子、北河賢三、芝崎厚士、姜尚中、坂戸勝、和田純、許南麟、成田龍一、菅孝行、山本武利、谷川建司、戸ノ下達也、名取千里、川崎賢子、岩淵達治、黒川剛、小松諄悦、佐藤宏美、バラック・クシュナー、高岡裕之、渡辺裕、川端保光、森川貞夫、中根公夫、野本敬、後藤和子、スタンレー・カッツ、石田佐恵子、渡辺直紀、篠原初枝、梅森直之、スーメイ・ルー、尹炳男、鳥羽耕史、前島志保。

公文書、社史、新聞、雑誌、手紙などの資料照会に関して、国外ではプリンストン大学図書館、韓国国会図書館、韓国文化芸術振興院、国内では東京大学図書館、早稲田大学坪内博士記念演劇博物館、国会図書館、国際交流基金ライブラリー、外務省外交史料館、阪急文化財団池田文庫、横浜国立大学附属図書館に大変お世話になった。筆者からの面倒なリクエストにも、真摯に対応してくださった司書の方々にお礼を申し上げたい。

本研究の実施には、さまざまな機関からの財政的支援が不可欠であった。なかでも、全額奨学金を交付してくれたプリンストン大学大学院、および同校内の東アジア研究プログラム、国際地域研究インスティテュート、ウッドロウ・ウィルソン・スクール芸術文化政策研究センターなどの部局、そして日韓文化交流基金に謝意を表したい。また文部科学省・日本学術振興会からの科学研究費補助金、および早稲田大学高等研究所をはじめ、在職機関からいただいた種々の研究費と事務支援にも感謝する。

お世話になったすべての方々のお名前を挙げられないことが心苦しいが、初対面の筆者に物惜しみすることなく快くご助力くださった多くの方に深くお礼を申し上げたい。

最初の原稿を提出してから完成まで長い時間がかかった。その責任は筆者にある。岩波書店編集部の大橋久美氏は、何度もの推敲に我慢強く付き合ってくださった。心より感謝を申し上げる。

最後に私事となり恐縮であるが、研究環境が整い、これから親孝行をと楽しみにしていた矢先、父に病が訪れた。会うたびに衰弱していく姿に、やり場のない苦しさを味わった。看病を続けた母姜慶子と、両親の世話をひとりで背負った姉には頭が上がらない。妹にもいろいろ迷惑をかけた。家族からの支援がなかったら、本書を執筆する作業はおろか、孤独な留学生活自体、不可能であったに違いない。

父はいつも、一人前の研究者として自立していく次女を誇りに思ってくれた。この本を、天国の父、朴永実に捧げる。

二〇一七年九月　横浜国立大学研究室にて

朴　祥　美

人名索引

索　引

事項索引

朴 祥 美

1975年生．韓国出身．プリンストン大学大学院東アジア研究科博士課程修了．博士(Ph.D.)．専門は近現代日本史，東アジア関係史，文化史．マサチューセッツ工科大学，早稲田大学，東京大学を経て，現在，横浜国立大学准教授．主な論文に「「日本帝国文化」を踊る――崔承喜のアメリカ公演(1937-1940)とアジア主義」(『思想』第975号，2005)，"Staging Japan: The Takarazuka Revue and Cultural Nationalism in the 1950s-60s" (*Asian Studies Review* 39: 3, 2015)ほか．

帝国と戦後の文化政策――舞台の上の日本像

2017年10月25日　第1刷発行

著　者　朴《パク》 祥《サン》 美《ミ》

発行者　岡 本　厚

発行所　株式会社 岩波書店
〒101-8002 東京都千代田区一ツ橋2-5-5
電話案内 03-5210-4000
http://www.iwanami.co.jp/

印刷・三秀舎　製本・牧製本

ISBN 978-4-00-024056-7　　Printed in Japan

アメリカン・センター
―アメリカの国際文化戦略―
渡辺靖
四六判二三四頁
本体二〇〇〇円

メインストリーム
文化とメディアの世界戦争
フレデリック・マルテル
林はる芽訳
四六判五〇〇頁
本体三六〇〇円

戦後韓国と日本文化
「倭色」禁止から「韓流」まで
金成玟
四六判二四八頁
本体二二〇〇円

対米依存の起源
―アメリカのソフト・パワー戦略―
松田武
四六判二九四頁
本体二四〇〇円

資生堂という文化装置
1872―1945
和田博文
A5判五一〇頁
本体五二〇〇円

戦後米国の沖縄文化戦略
―琉球大学とミシガン・ミッション―
小川忠
四六判三三二頁
本体三二〇〇円

岩波書店刊

定価は表示価格に消費税が加算されます
2017年10月現在